FEEDBACK COMPLETE
BOOK FOR ALL
MASAMUNE MIMURA

みんなの
フィードバック
大全

三村真宗

はじめに

　フィードバックなくして成長なし。こう言い切れるくらい、私自身も、私が代表を務めるコンカーの社員も、フィードバックし合うことによって日々、成長を実感しています。ひとりのビジネスパーソンとして、またひとりの経営者として、フィードバックという優れたコミュニケーションのあり方が、もっと広く日本社会に広がるべきだと心から願っています。しかしながら現在、世の中でフィードバックのあり方が正しく理解され、浸透しているかというと状況は芳しくありません。近年、「フィードバック」という言葉は耳にするようになったものの、その解釈や解説はまちまち。文化的にも場の〝空気〟を大切にし、物事をストレートに言葉にして伝えることをよしとせず、曖昧で婉曲な表現を好む日本社会では、相手の課題や弱点を率直に伝えることの心理的な障壁は非常に高い。多くの人は相手に問題があっても、耳の痛い話をしないですむなら、それが一番と見て見ぬふりをしてしまいがちです。このような状況では、真の意味で日本社会にフィードバックが浸透するのは、相当、時間がかかるのではないかという強い問題意識を持っています。

　こうした難しい状況はあれども、社会のデジタル化が進展し、あらゆる観点で変化の激しさが増す今日《こんにち》、リスキリングという言葉に代表されるように、自分自身のスキルを磨き、アップデートし、常に成長し続けることが求められています。ビジネスパーソンの成長を促すうえで極めて有効な手段として、フィードバックに注目が集まっているのは必然の流れです。フィードバックに関心を持つ人は、これからさらに増え続けるでしょう。せっかく関心を持った方々が、迷ったり、つまずいたり、間違った理解をしてしまわぬよう、全社員でフィードバックを実践し、一定の成果を出しているコンカーでの取り組みを参考にしてほしいと考え、筆を執ったのが本書『みんなのフィードバック大全』です。

このタイトルには2つの意味を込めています。

「みんなの」は本書の対象層の広がりを意味しています。フィードバックは管理職だけのものではありません。一般社員にとっても、人材価値を高めるうえで不可欠とも言えるポータブルスキルであり、そして経営者にとっても、組織文化・組織風土を変革するうえで極めて重要な経営テーマである、という意味を込めています。

「大全」はカバーする内容の広さを意味しています。フィードバックは問題点を指摘するスキル（本書でいうギャップフィードバック）だけではありません。ほめる力（ポジティブフィードバック）も、受け止める力（コーチャビリティ）も含んだ総合的なコミュニケーションの体系である、という意味を込めています。さらには経営戦略の一環として、どうすればフィードバックの文化を組織に浸透できるのか、その具体的な方法論や心理的安全性のつくり方も解説しています。

私はフィードバックに関しては、その道の学者や研究者ではなく、外資系IT企業の経営者にすぎません。そんな専門外の立場の私が書く本としては、やや大仰なタイトルと思われる方もいるでしょう。しかし、コンカーの社長に着任してから11年、働きがいを経営戦略の背骨にしつつ、フィードバックし合う意識が社員一人ひとりの心に流れる企業文化を創り上げることに成功した。このことは胸を張って言えます。本書にはここに至るまで、現場の実践で培われたすべての経験とノウハウを注ぎ込んだつもりです。

本書の執筆にあたり特に意識したのは、ともすれば精神論に寄りがちで、論点が散らばってしまいがちなフィードバックのコンセプトを、できる限り全体感でとらえて構造化する、つまりフレームワークで説明するように心がけました。フィードバックに必要な知識をすべて一度に身につけることは困難であっても、フレームワークの形で体系立てて理解しておくことにより、実践で迷ったらいつでも立ち返ることができるはずです。

それでなくてもフィードバックは難しいものです。読者の皆さんの多くもフィードバックに苦手意識を持っていることでしょう。だからこそ本書を手に取ったのだと思います。まずは本書に目を通してみてください。構造的な解説を通じて、なぜフィードバックは難しいのか、どうすればスムーズにコミュニケーションできるようになるのかがわかるはずです。どのパートから読み始めるかは読者の皆さんの興味次第で構いませんが、経営層向けの第5章を除き、最終的には本書を通読していただきたいと思います。ページ数は多いですが、具体的なエピソードも交え、できる限り平易な表現で書くことを心がけましたので、集中すれば3〜4時間で読めると思います。そして本書を通読することにより、「自分はフィードバックの基礎知識を持っているんだ」と自信の裏打ちになるはずです。

これからの仕事の局面で、「フィードバックしたいんだけど上手にできるか心配」「フィードバックをうまく受け止められなくて苦しい」「組織の風通しが悪くて、陰口や中傷が横行している」などなど、フィードバックに悩んだときには、あなたの本棚から本書を取り出して読み返していただきたいと思います。

CONTENTS

第2章

ポジティブフィードバックをマスターする

第4章

コーチャビリティを身につける

04 心理的安全性―フィードバックを恐れない風土をつくる

プロローグ

マッキンゼーでの学び、コンカーでの実践

■忘れられないフィードバック

本書を手に取られた方々は、フィードバックやその手法についてどのようなイメージをお持ちでしょうか。誰かに対してフィードバックを伝えた場面、あるいは、誰かからフィードバックを受けた場面を具体的に思い出すことはできるでしょうか。

私がフィードバックについて語る際にいつも思い出すのは、２００６年のある日、自分より10歳以上も年下の同僚と対話をしたときのことです。

その年、私は外資系ソフトウェア企業ＳＡＰの日本法人であるＳＡＰジャパンを辞めて、マッキンゼー・アンド・カンパニーに転職しました。ＳＡＰジャパンには創業時に新卒で入社して以来、13年間勤め、最後は役員クラスに相当するバイスプレジデントを務めていました。しかし、ある事業の失敗で実力不足を痛感し、自分のキャリアを見つめ直した結果、一度、ＳＡＰで積み上げた実績はすべて捨て去って、コンサルティングファームの最高峰で戦略的思考を一から学び直そうと思ったのです。

マッキンゼーでは最初の１カ月、同期入社のコンサルタントの卵たちとともに会議室に缶詰になり、課題解決の方法論を叩き込まれました。その後は、いくつかのプロジェクト

にも部分的に加わって、そこでもビシビシ鍛えられました。

そうした修業期間が終わり、初めて本格的に参画したのが、ある金融サービス企業のプロジェクトでした。そのプロジェクトが始まって間もない頃のことです。４人組のプロジェクトメンバーで最年少だった新卒2年目の若手社員に「三村さん、ちょっとお茶に行きませんか？」と軽い感じで声をかけられました。私は「ああ、行きましょう」と応じ、２人で近くのカフェに入りました。そして、コーヒーを飲みながら雑談を交わしていると、彼は言いました。

「三村さんはビジネス経験が豊富だから、やっぱり人の機微がよく見えていますよね。そこは、マッキンゼーのコンサルタントがあまり持っていない強みだと思います」

ほめられているのかなと感じた私はちょっといい気分になりました。すると、彼はこう続けたのです。

「しばらく一緒に仕事をしていて感じたのでお伝えしたいんですけど、三村さんはもっと強くなれると思うんですよ」

もっと強くなれる――。その言葉に導かれて「どうすればいいんですか？」と尋ねると、彼は言いました。

「ビジネスの経験は大切です。ただ経験だけに頼って考えたり話したりするのでは、マッキンゼーのコンサルタントとしては不十分だと思うんです。経験に頼るのではなく、〝フアクト〟と〝ロジック〟で話す。そこに経験を裏打ちする。そこを意識すれば、三村さんはもっと強くなれると思うんです」

マッキンゼーでは、クライアントが抱える課題を「イシュー」と呼びます。イシューの解決策は、ビジネス経験を活かして勘を働かせれば、わりあい手っ取り早く見つかる場合もあります。IT戦略が主要テーマであったこのプロジェクトでは、私の前職の経験に照らし合わせれば答えが自明なトピックが多く、このプロジェクトが始まってからも、ファクトとロジックではなく、自分の過去の経験から考えられるアイデアや意見を口に出してしまいがちでした。

けれども、クライアントが本当に求めているのはそういう〝経験に裏打ちされた〟アイデアや意見ではないのです。なぜなら、クライアントはマッキンゼーが出してきた提案をベースに意思決定をし、その中身をベースにしてステークホルダーに対する説明責任を果たさなくてはなりません。その際、ステークホルダーに「なぜそういう意思決定をしたのか？」と問われたら、クライアントはファクトとロジックに基づいて理由を説明する必要があります。「コンサルタントが過去の経験で提案しています」などと答えるのでは説得力が不十分なのです。

イシューの解決にあたって、マッキンゼーがファクトとロジックにのっとった提案を重視してきたのはそのためです。事実を的確に把握し、論理を緻密に組み立てて、いくつかの選択肢を導き出したうえで、それらの中から最善と評価しうるものを提案する。こうした手順を丁寧《ていねい》に踏まない限り、クライアントの信頼は獲得できません。思い返してみれば、その点は入社後に私が受けた研修の中でも繰り返し強調されていたものでした。

ところが、プロジェクトがスタートしてからの私はといえば、その教えを守るどころか、ファクトもロジックも頭の中からすっぽりと抜け落ちていました。ビジネス経験を鼻にかけていたわけではありませんが、課題解決の「基本のキ」がまったく身についていなかったのです。

このとき、新卒2年目の彼は「フィードバック」という言葉は使いませんでした。しかし、私の弱点をズバッと指摘し、気づかせてくれたという意味では、あのやり取りは間違いなくフィードバックでしたし、私は驚くと同時に、彼の言葉をとても心地よく受け止めました。

そう思えた理由は2つあります。ひとつは、彼からのフィードバックによって成長を実感できたからです。自分の至らない部分を知ることができ、成長に繋げられたことは大きな励みになりました。そのフィードバックをもらってからというもの、勘と経験に頼りそうな自分を抑え、「ファクトとロジック、ファクトとロジック……」といつも頭の中で唱えながらクライアントと接するように心がけました。

もうひとつの理由は、私に対する彼の思いと信頼が伝わってきたからです。10歳以上も年下の彼が、曲がりなりにもビジネス経験を積んできた私にわざわざフィードバックをしてくれたのは、彼が「この人にもっと成長してもらいたい」と願い、そして「この人なら、耳の痛い話をしても受け入れてくれるはずだ」と信じてくれているからに違いないと思いました。このやり取りをきっかけに、彼に対しても深い敬意と信頼感を抱くようになったのです。

このとき若手だった彼は現在もマッキンゼーに在籍し、要職に就いて活躍しています。私がマッキンゼーを卒業した後も、なぜか、お互いの人生の節目では接点があり、たった一度きりのフィードバックをきっかけに芽生えた友情は今なお続いています。

■人が成長しなければ会社は成長しない

この一件以来、私はマッキンゼーには「フィードバックの文化」が根づいていると感じ始めました。改めて思い返すと、最上位職のディレクター職から主に新卒で構成されるビジネスアナリスト職まで、マッキンゼーの人々は「成長意欲の塊」のような人物ばかり。オフィス内を見回すと、コンサルタントたちが立場に関係なく、お互いに気づいたことを率直に言い合っており、自分が作成したプレゼンテーション資料の内容などに関して「フィードバックをください」と求め合うのを頻繁に目にしました。「あれ、よかったですよ」とか「こうするともっといいですよ」といった会話がそこかしこで飛び交っていました。

聞いていてハラハラするようなストレートな内容を遠慮なく伝え、受ける方も耳に痛い内容であってもわだかまりなく受け止めて感謝している。優秀なコンサルタント同士がまるで息をするようにフィードバックし合っていたのです。自分が成長するためには、他者からのフィードバックは不可欠であり成長の源泉である。そう考える人たちばかりだったのです。

世間では、外資系のコンサルティングファームというのは、個人主義に徹するプロフェッショナル集団というイメージが持たれているかもしれません。しかし、少なくともマッキンゼーに「個人主義」という印象は当てはまりませんでした。コンサルタント同士は特にベタベタしているわけではありませんが、お互いにかなり深い繋がりを築こうとしていましたし、フィードバック文化はその象徴だったように思います。

では、なぜマッキンゼーにはフィードバックの文化が根づいているのか？ キーワードは「成長」です。個々人が「成長意欲の塊」であったのは先述の通りですが、マッキンゼーではファーム（マッキンゼーでは自社のことをファームと呼びます）としても、属するコンサルタントたちの「成長」に対して非常に強くコミットしていました。

- **ファームの使命は「クライアントの価値を最大化」することである**
- **そのためには個々のコンサルタントの成長が不可欠**

・だからこそファームに属する全員がすべてのコンサルタントの成長にコミットする

　このように考えられていたように思います。だから、すべてのコンサルタントは自身の成長余地を常に意識し、なおかつ、周囲の人たちにも成長してもらわないとファームの競争力が損なわれるという強い使命感を抱いているのでしょう。思い返すと「目の前にいる相手の問題点に気づいているのに、本人にフィードバックしないのは罪」という雰囲気すら漂っていたように思います。

■高め合う文化の創造へ

　私がマッキンゼーに在籍したのはわずか2年間にすぎません。コンサルタントとしての神髄を知るはるか手前で辞めてしまいましたが、素晴らしいクライアントと同僚たちに恵まれ、濃密な時間を過ごしました。そこで得たのは問題解決の考え方だけでなく、「クライアント・インタレスト・ファースト（顧客の利益が第一）」といった価値観の浸透がもたらす絶大な効果や、人の成長に対する深いコミットメントなど、文化創りや人材育成における考え方も後《のち》のキャリアで大きな財産となりました。

　マッキンゼーで身につけた考え方や方法論を、コンサルタントとしてクライアントに提言するのではなく、自分自身で応用し、自らが実務で実践したい、そう考えてマッキンゼーを退職して実務の道に戻り、その後、２０１１年には株式会社コンカーの設立に伴い初代の社長に就任しました。

コンカーは、「Concur Expense」「Concur Invoice」「Concur Travel」など、クラウドによる間接業務の最適化ソリューションを提供する外資系ＩＴ企業です。ゼロからスタートしたコンカー日本法人も現在は、社員数で３１５名となり、トヨタ自動車や三井住友フィナンシャルグループなど、日本を代表する企業に採用され、時価総額トップ１００社の日本企業のうち63社（２０２３年1月現在）に導入されるなど、社長就任からの11年間で大きく成長することができました。読者の皆さんの中にも実際に日々の経費精算や出張業務でコンカーを利用している方は相当数いらっしゃると思います。

もっとも、その間のコンカーが順風満帆だったわけではありません。むしろ法人設立後の一時期は、組織づくりが後手に回ってしまったことや、即戦力の獲得にこだわって甘い採用活動を推し進めてしまったことが原因で、社内にギスギスした雰囲気が蔓延し、業績もなかなか伸ばすことができませんでした。

そうした状況が少しずつ変わっていったのは、「ヒトによる競争力の最大化」という戦略を強く意識し、「働きがいの向上」を目指す経営を追求するようになってからです。

２０１５年からは、Great Place to Work ® Institute Japan（ＧＰＴＷ）が実施する「働きがいのある会社」ランキングに参加し、中規模企業の部門で２０１８年から6年連続で第１

図1　日本における「働きがいのある会社」ランキング（中規模部門）

会社ランキング	女性ランキング	若手ランキング
2023年 1位	2023年 未発表（2023年2月現在）	2023年 未発表（2023年2月現在）
2022年 1位	2022年 1位	2022年 2位
2021年 1位	2021年 1位	2021年 1位
2020年 1位	2020年 2位	2020年 1位
2019年 1位	2019年 1位	
2018年 1位	2018年 3位	

※すべて中規模部門
（従業員100〜999名）

位を獲得しています。6年連続で1位は国内企業で最長記録です（参考までに、2番目の最長記録は5年連続1位のグーグル日本法人です）。

さらに同ランキングの女性部門でも2019年、2021年、2022年に1位となり、また2020年に新設された34歳未満を調査対象とする若手部門でも、2年連続で1位に選ばれました。

なぜ6年連続で働きがいランキング1位を取れるまでになったのか？　働きがいとは何か？　どうすれば働きがいを向上させることができるのか？　そのあたりの詳細については前著『最高の働きがいの創り方』（技術評論社　2018年）にも綴《つづ》りましたが、コンカーでは働きがいを高めるためのさまざまな施策と制度を運用しています。その中でも中核をなすのが「高め合う文化」です。

私は「働きがいの源泉は、成長の実感にある」という信念を持っています。この信念のもとに社員一人ひとりの成長に心を砕いてきました。

成長は個人の中で完結しているだけではありません。成長は個人と個人が影響し合い、触発され促されるものです。そこでコンカーで始めたのが「高め合う文化」。社員同士が相互に影響し合い、刺激し合うことで成長を加速させるという考え方であり、その考え方を組織文化として定着させようという一連の運動です。

そして「高め合う文化」の根幹をなすのが、本書のテーマである「フィードバック」なのです。

本書を手に取った読者の皆さんは、フィードバックの大切さに気づきつつも、同時にその難しさも感じていると思います。でも「フィードバックは難しいから自分には無理」とあきらめる必要はありません。本書が自信をつける第一歩になることを願いながら、フィードバックに必要なスキルの全容をお伝えしていきたいと思います。

■本書の構成

本編に入る前に、本書の構造を理解していただきたいと思います。

第1章では今後ますます必要なビジネススキルとなる、フィードバックの基本的な考え方をお話しします。第2章では2つのフィードバックのうちのひとつポジティブフィードバックを、第3章では多くの人が苦手意識を持つギャップフィードバックについて、実践に向けて詳しく解説します。第4章ではフィードバックを受け入れる姿勢、コーチャビリティの重要性に触れ、第5章ではこれまで長年にわたってフィードバックを実践してきた弊社の現状を実例的にご紹介させていただきます。

コラムでは、弊社の社員がどのようにフィードバックスキルを身につけてきたかについての座談会と、経営戦略の一環として、フィードバックを取り入れ始めたTBSラジオの三村孝成代表取締役社長と、富士通の平松浩樹執行役員CHRO（最高人事責任者）との対談を収録しました。

本書を読み終わる頃には、フィードバックの実践が夢物語でないばかりでなく、スキルとして血肉となると確信していただけると思います。

第1章

フィードバックとは何か

01 フィードバックはビジネスの必須スキル

なぜ日本人はフィードバックが苦手なのか

私は1993年に大学を卒業して就職しましたが、当時、日本のビジネス界では「フィードバック」という言葉を耳にすることはありませんでした。職場内で上司が部下を「指導する」「叱る」といった場面は見受けられましたが、そのような行為もフィードバックとは呼んでいませんでした。

それがいつの頃からか、フィードバックという言葉が使われ始め、少しずつビジネスパーソンの間に定着していきました。けれど、実態はどうでしょう。多くの人は「上司から部下に対する一方的な指導」という昔ながらの行為をフィードバックとソフトに言い換えているケースも少なくないのではないでしょうか。

私の考えるフィードバックとは、相手が自分ではよく理解していない弱点や改善のしどころ、あるいは強みや長所に気づきを与え、そして成長に繋げてもらうコミュニケーションです。また、このコミュニケーションは必ずしも上司から部下への一方通行だけで交わされるものではなく、部下から上司、同僚から同僚、というように組織全体に広がっていくべきものです。

しかし、日本人はもともとこうした直接的なコミュニケーションを苦手としてきました。その一因は日本の文化的特徴に見出《みいだ》せます。

アメリカの文化人類学者エドワード・T・ホールは、「ハイコンテクスト文化／ローコンテクスト文化」という概念を提唱しました。「コンテクスト」とは「文脈」という意味です。コミュニケーションをする際に、「文脈」すなわち「社会で共有されている価値観や考え方」を重視するかどうかは国民性によって大きく異なるという考え方です。社会や場に流れる「空気」と言い換えてもよいかもしれません。ハイコンテクスト文化とローコンテクスト文化、それぞれの特徴を見ていきましょう。

ハイコンテクスト文化：

社会で共有されている価値観や考えが比較的同質な文化。同じバックグラウンドを共有しているため当事者間の行き違いや理解の齟齬が少ない。共通の文脈を前提にしてコミュニケーションが成り立つため、あまりストレートな物言いを必要としない（好まれない）

傾向にある。

ローコンテクスト文化：

社会で共有されている価値観や考えが比較的多様な文化。そのためバックグラウンドの異なる当事者間での行き違いや齟齬が発生しやすい。共通の文脈が弱いため、ストレートにコミュニケーションし合う（好む）傾向にある。

日本社会は「ハイコンテクスト文化」の最たる例とされています。同質的な社会に属する人々が似通った価値観や考え方を持っている。そういう社会では、お互いに相手の意図を察しやすくなります。日本語には「みなまで言うな」「一を聞いて十を知る」「以心伝心」「あうんの呼吸」「空気を読む」「言わぬが花」といったように、「言葉にせずとも理解する」ことを美徳とする言語表現は枚挙にいとまがありません。逆にあまりにはっきりとした物言いは「KY（空気が読めない人）」などとして揶揄の対象になることすらあります。

このようなことからも日本社会では「文脈＝コンテクスト」を大切にしていることがわかります。私たちは長らく「はっきりと言葉にして伝える」のではなく、その場の流れや空気、あるいは社会的慣習のような非言語的なコミュニケーションを重視してきたのです。

これに対し、西洋社会、特に米国はローコンテクストな文化です。人々が持つ価値観や考え方が多様であることをコミュニケーションの前提としています。そのため、コミュニケーションを交わす際には、前後の「文脈＝コンテクスト」ではなく、思ったことを言語化して、はっきりと明示的に表現し合うことが重視されます。

フィードバックは思いを言語化してしっかりと伝えることが基本動作になります。米国のようなローコンテクストの社会では、フィードバックすることは比較的、苦にならないでしょう。欧米の映画などを鑑賞していると、はっきりと自分の意見を主張し、相手の問題や課題を歯に衣《きぬ》着せずに言い合っているシーンをよく見かけます。

一方、ハイコンテクスト文化の中で育ってきた私たちはどうでしょう。言語化してはっきり伝えることが苦手な私たちは、相手の改善点をフィードバックしようと思っても「気を悪くしないか」などと気にしてしまいます。そして「言わなくとも察してほしい」と思い、結局相手に伝えられず、抱え込んでしまうのです。これでは相手は成長しませんし、自分にもモヤモヤが残ってしまいます。

またこうした傾向により、相手の強みをほめる、つまりポジティブフィードバックをする時にさえ、「照れ臭い」と思ったり、「おべっかと思われたりはしないか」と躊躇《ちゅうちょ》してしまいがちです。

誤解されるフィードバック

フィードバックが苦手な日本社会ですが、近年、ビジネスシーンで「フィードバック」という言葉をよく耳にするようになりました。しかしフィードバックの何たるかは、まだ浸透していないようです。悪いケースですと、一部の職場では、「フィードバック」という柔らかい言葉を使い、指導や育成を謳いながら部下を厳しく叱責する行為も散見されます。たとえば部下が営業のノルマが達成できなかったときに、「何でできないんだ」「どうするんだ」などと威圧的な言葉を放って部下を精神的に追い込んでいくような上司がいます。ここ最近の言い方では「詰める」と称される行為です。これでは相撲の隠語にある「かわいがり」と同じです。

これらは本来のフィードバックとはほど遠いコミュニケーションです。なぜなら、詰める上司は、部下の成長を心から願ってそうしているのではなく、理不尽な言葉を用いて部下の危機感を喚起することで、部下からより多くの活動量を引き出そうとしているにすぎないからです。

部下が営業ノルマを達成できないのは、もしかしたら顧客対応の段取りややり方を間違っているからかもしれない。間違ってしまうのは、そもそも正しいやり方の教育や訓練を受けていないのかもしれない。そういう点は考慮せずに、ひたすら罵倒して営業活動へと駆り立てる。そんなことを繰り返していても、部下の本質的な成長には繋がりません。悪質なケースはパワーハラスメントに該当してしまいます。仮に一時的に結果が出たとしても、本質的な問題が解消されていないわけですから、持続的に結果を出し続けることは困難でしょう。フィードバックは「詰める」ためのものではなく、「相手の成長を願って伝える」べきものなのです。

フィードバックは、時代の変化に対応する相互作用型学習

なぜフィードバックが必要なのか？　少し整理してお話ししましょう。

現在、企業を取り巻く経営環境は急速に変化しています。グローバル化の進展、テクノロジーの発達、気候変動、人口減少……、ほかにもさまざまな変化が同時進行で起きています。

そうした不透明で不確実な時代においては、ビジネスに関する知識やスキルはいともたやすく陳腐化します。かつては社会に出てから習得した知識・スキルは10年でも20年でも通用しましたが、現代はそうとは限りません。「リスキリング」という言葉で表されるように、ビジネスパーソンは誰もが自分が培ってきた知識・スキルをたえず微調整し、とき

に大幅に修正したりアップグレードしたりする必要に迫られます。つまり学習し、成長し続けなくてはなりません。

その際に大いに役立つのが、他者からのフィードバックです。個人が成長するためのアプローチというと、ビジネス書や自己啓発書を読んだり、実務セミナーを受講したりする「自己完結型の学習」を思い浮かべる人が多いかもしれません。しかし、成長へのアプローチはそれだけではありません。職場で一緒に働いている他者から、長所も短所もオープンにフィードバックしてもらう「相互作用型の学習」によっても人は成長します。むしろそちらの方が学びの機会は多いし、成長スピードもはるかにアップします。

このことは当然ながら、個人の集合体である企業の業績にも関わってきます。なぜなら、競争環境が厳しさを増している中、個人の成長に注力する企業と、個人は放っておいても育つと考えている企業では、競争力に大きな差が出てくるからです。

戦後の高度経済成長期からバブル期ぐらいまでの右肩上がりの時代には、市場がどんどん拡大していったため、日本企業は「個人の能力」よりも「組織としての結果」に目を向けてきました。けれども、現代は個人のリーダーシップや創造力が重視される「個に光が当たる時代」です。組織内における「相互作用型の学習（＝フィードバック）」によって実現する個人の成長が、組織の競争力を決定的に左右すると言っても過言ではないのです。

本書との付き合い方
——一般社員も、管理職も、経営層も

フィードバックの重要性は、一般社員、管理職、経営層、といった組織内の立場によってそれぞれ異なります。

図2は、個人と、個人が属する部門・会社におけるフィードバックの実践度を1〜4のレベルで示したものです。この図を見ながら、本書を手に取ってくださった皆さんが目指すべきフィードバックの実践度について考えてみましょう。

■あなたが一般社員の場合

ポータブルスキルという言葉があります。業界や業種が変わっても活かせるビジネススキルのことです。人材の流動化が進み、転職が当たり前になりつつある今日《こんにち》、ポータブルスキルの強さや豊かさは人材価値に直結します。一般社員にとってフィードバックスキルは、重要なポータブルスキルと言えます。

プレゼンテーションスキルは代表的なポータブルスキルです。しかし私が社会人になった1993年頃、パワーポイントが普及し出すかどうかといった時期、「プレゼンテーションスキル」という考え方はありましたが、何をどうすればプレゼンスキルを向上できる

図2　フィードバック文化を持つ会社を目指して

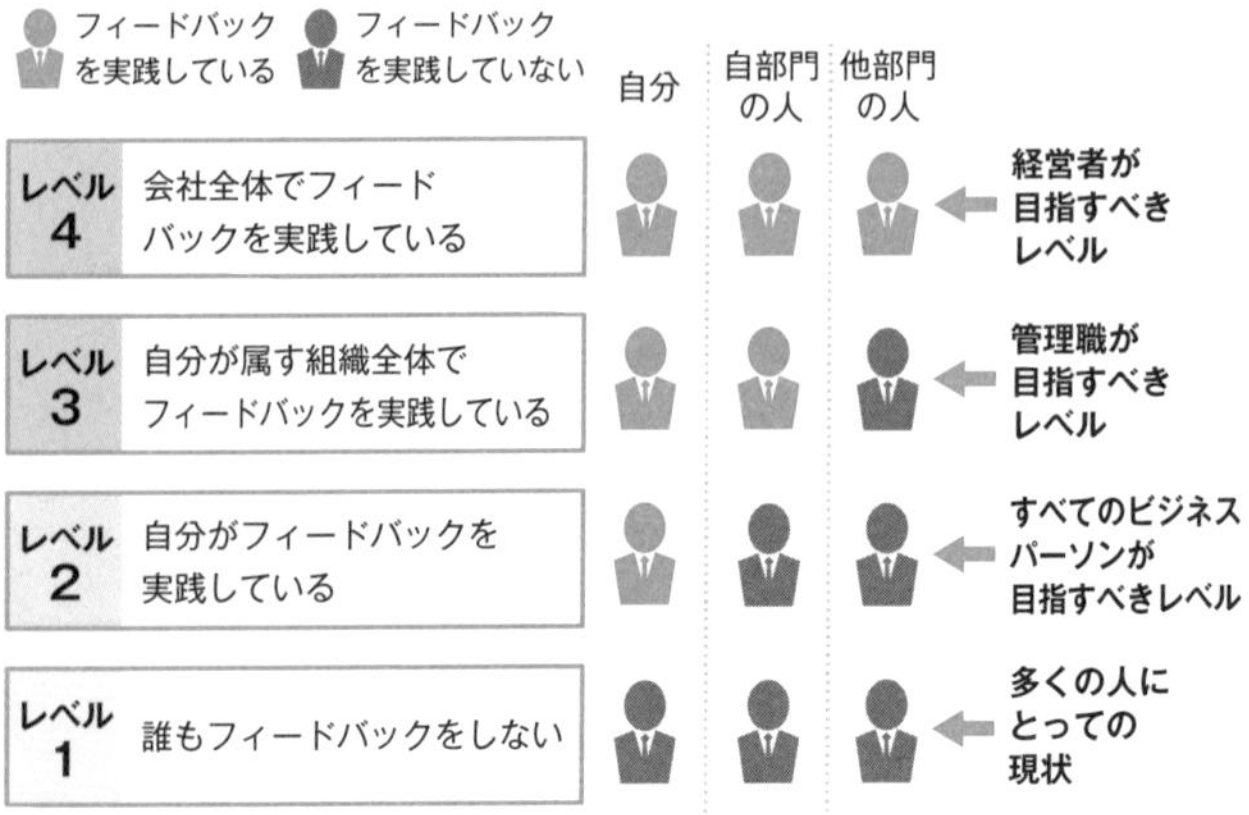
フィードバックを実践している
フィードバックを実践していない
自分
自部門の人
他部門の人
レベル4
会社全体でフィードバックを実践している
経営者が目指すべきレベル
レベル3
自分が属す組織全体でフィードバックを実践している
管理職が目指すべきレベル
レベル2
自分がフィードバックを実践している
すべてのビジネスパーソンが目指すべきレベル
レベル1
誰もフィードバックをしない
多くの人にとっての現状

のか、明確な考え方は広がっていませんでした。しかしその後、プレゼン力はビジネスパーソンの必須のスキルとなり、巷には資料のつくり方から話し方までプレゼンに関する書籍で溢れています。

　プレゼンスキルに比べるとフィードバックスキルはまだまだ黎明《れいめい》期であり、30年前のプレゼンスキルと同じような位置づけにあるように思います。本書刊行の2023年時点では、フィードバックスキルの重要性に気づいているビジネスパーソンは少数派です。だからこそ早い段階でフィードバックスキルを身につけることによってひと味違う人材に成長できるのです。

　図2をもとに組織の観点で考えてみましょう。多くの読者の職場は、誰も積極的にフィードバックを実施しようとしていないレベル

1の状態にあるのではないでしょうか。そのような状況にあるなら、本書でフィードバックの基礎知識を身につけてレベル2に達することを目指しましょう。

フィードバックスキルによって同僚や後輩に対して適切なフィードバックを行えるようになれば、周囲の成長を促し、同時に周囲から感謝や尊敬の念を集められるようになります。また時には上司に対しても（上司の性格によっては難しいかもしれませんが）、フィードバックを適切に伝えられるようになれば、上司からも一目置かれるようになり、距離感が近づき、信頼感もぐっと高まります。

さらにフィードバックスキルは「フィードバックを伝えるスキル」だけではありません。「フィードバックを受け止めるスキル（これを〝コーチャビリティ〟と言います。後述します）」でもあります。このスキルを高めることによって、耳の痛いフィードバックからも逃げずに前向きに受け止められる耐性が身につきます。これにより成長速度が上がり、あなたの人材価値を大きく高めることができます。

■あなたが管理職の場合

あなたが管理職なら、フィードバックは必須スキルです。チームを率いるあなたは、適切なフィードバックを通じて部下たちに成長してもらい、チームとしての成果を最大限に引き出すというタスクを担っています。それが上手にできるかどうかは管理職としての自身の評価にも関わってくるため、差し当たっての目標は、自分が部下に対してフィードバックを実践できているというレベル2に置くべきです。

けれども、管理職のあなたが真に目指すべきは、自分が率いるチームや部門全体でフィードバックが実践できているレベル3でしょう。このレベルに到達できれば、あなたのチームや部門は社員同士が活発にフィードバックをし合うようになり、部門に属する社員の成長が加速します。個々人の成長によって部門全体としてのパフォーマンスや業績も向上するはずです。さらに社員同士の風通しもよくなり、部門の雰囲気がよくなる効果も期待できます。

■あなたが経営層の場合

あなたが経営層なら、フィードバックの文化を会社全体に浸透させることを目標としてレベル4を目指すべきです。

ハイコンテクスト文化である日本社会ではフィードバックのハードルは高く、いくら個人としてフィードバックスキルを身につけても、フィードバックの概念がない組織の中で他者にフィードバックすることには、強いためらいが生じやすいものです。しかし、もしも経営者・経営層から「会社全体でフィードバック文化を浸透させる」という決意表明がなされていたらどうでしょう。

例としてコンカーは「高め合う文化」の下《もと》、全社員でのフィードバックが奨励されており、レベル4のステージにあります。そのため、「フィードバックを伝えて当たり前」「フィードバックを受け入れて当たり前」という価値観があり、部下から上司に対しての難しいフィードバックですらも活発になされています。

フィードバックをし合うことが当たり前になった組織をつくり上げれば、行き場を失った不満が滞留し組織の空気が淀むのではなく、風通しのよい空気の中で、課題が生じても改善に向けて建設的に話し合われるサイクルが回りやすい。また個々人の成長が早く、それが働きがいの向上に繋がり、結果として企業業績の成長にも繋がります。

またレベル4を目指すことは、ますます雇用の流動化が進む今日《こんにち》、外部から優秀な人材を獲得するのにも効果を発揮します。

最近では能力の高い人材は必ずしも終身雇用を望んでおらず、また短期的な給与条件だけで職場を選んだりもしません。そういう人たちが何より求めているのは自分自身のさらなる成長であり、自分という自己資本を育てることに貪欲です。「ここで働き続けていても成長は望めない」と気づいたら、さっさと会社を見限って出ていってしまう可能性もあります。

コンカーでは300人の社員数を超えた今でも全候補者の最終面接は社長である私が行

っています。候補者にコンカーへの志望動機を聞くと、非常に多くの志望者から「今の会社では誰もフィードバックをくれない。コンカーはフィードバック文化が根づいており、そんな文化の企業で成長したいから」といった趣旨の答えが返ってきます。また候補者の中には「最終面接に至るまでに数人の面接者からすでにフィードバックを受けた。普段、フィードバックを受けることがあまりないので感動を覚えた」という感想をもらす人も多くいます。フィードバック文化があることが、優秀な人材の獲得に繋がっているのです。

終身雇用制が崩れつつある今、優秀な人材は、自分自身の成長に対する焦燥感と、より成長できる職場に転職したいという強い意欲を持っています。このような状況だからこそ、あなたは経営者として会社全体にフィードバック文化を根づかせることを目標とするべきなのです。

02 "コンカー流"フィードバックとは

フィードバックの5つの基本概念

ここからは、コンカー流フィードバックにおける5つの基本的な考え方についてお話しします。個別のテクニックに入る前に、基本的な考え方をしっかり理解してください。

コンカー流フィードバックを実践する際のプロトコル（約束事）は、「フィードバックのマインド」「フィードバックの種類」「フィードバックの方向」「フィードバックの受け止め力」という4つの個人視点の基本概念に加え、経営視点の概念として「経営的な取り組み」があります（P42 図3）。

■基本概念1：フィードバックのマインド―伝わるかどうかはマインドで決まる

まず最初の基本概念は「マインド」です。「後ろ向き・責める気持ち」ではなく、「建設

図3　フィードバックの5つの基本概念

個人視点

1 マインド
後ろ向き・責める気持ち
ではなく
建設的に・成長を願って

2 種類
ギャップフィードバック
だけでなく
ポジティブ
フィードバックも

3 方向
上司から部下
だけでなく
部下から上司、
同僚間、斜めも

4 受け止め力
伝え手のスキルだけ
ではなく
受け手の
スキルと心構えも

経営視点

5 組織的な取り組み
マネジメント
スキルや
個人スキル
だけでなく
経営戦略・組織文化
として取り組む

的に・成長を願って」がフィードバックを実施する際のマインドとして絶対に不可欠です。

図4の点線より上は行動、点線より下は意識＝マインドを表しています。たとえ同じフィードバックのスキルを学習し、同じようにフィードバックを実施しても、相手に受け入れられる場合と、拒絶されてしまう場合があります。これに大きく作用しているのが、意識下にある「マインド」です。

フィードバックをする時に、「**相手の成長を願う気持ち**」があるかどうか。これがすべての大前提であり出発点です。「相手の成長を願う気持ち」ではなく、「この機をとらえてやっつけてやろう」とか、「きつく叱って自分がすっきりしたい」といったネガティブなマインドでフィードバックをしていては、いくら細かいテクニックを駆使したとしても、相手の心には決

図４　すべての原点は“相手の成長を願う気持ち”

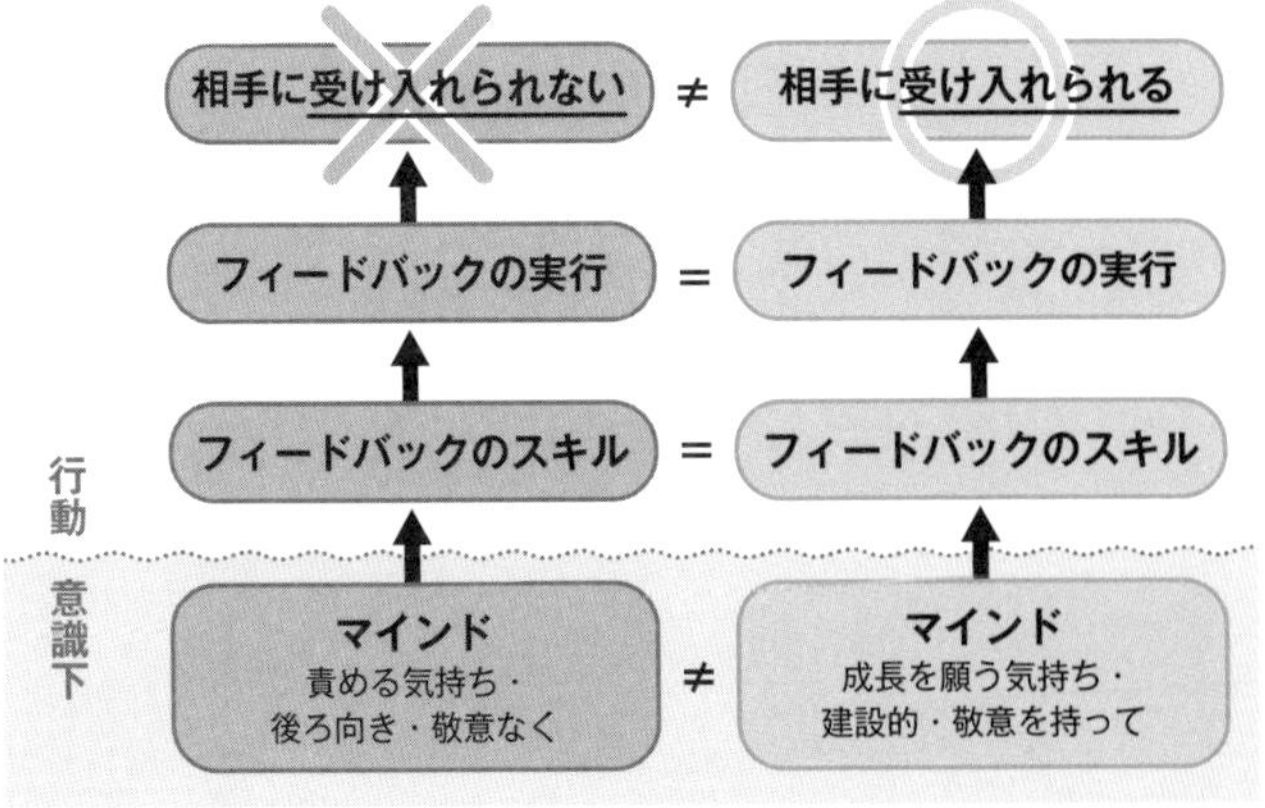

して届きません。そのような負のマインドは、言葉・表情・仕草の端々や微妙な声のトーンとなり、相手に伝わってしまいます。失敗をネチネチと責めるような後ろ向きのフィードバックは相手にとって不快なだけです。

フィードバックをするうえで大切なことは、失敗を糧に未来に向かって成長してほしいという建設的なマインドを持つことです。そうすれば、言葉の選び方、話す時の姿勢やまなざしが自ずとそのマインドに合ったポジティブなものになり、フィードバックする側の前向きな思いが相手に伝わりやすくなります。

部下や後輩の失敗が見つかると、多少はイラッとすることもあるでしょう。しかし、その気持ちを抑え、敬意を持って接することでフィードバックは初めて相手の心に沁みるのです。

大切なので繰り返します。「相手の成長を願う気持ち」を持つことがすべての原点。このマインドを持てているかどうか、フィードバックをする時には胸に手を当てて考えるようにしてください。

■基本概念2：フィードバックの種類―ギャップだけではなくポジティブも

2つめの基本概念はフィードバックの「種類」です。コンカーではフィードバックをひとくくりにせず、「ギャップフィードバック」と「ポジティブフィードバック」の2種類に分けています（図5）。

ギャップフィードバックは、相手の行動の気になる点や、課題や改善すべき点を伝えるフィードバックです。一般的には「ネガティブフィードバック」と呼ばれることが多いようですが、そうすると否定的なイメージが強くなりすぎるため、「成長のための差を埋める」という意味合いで、私たちは「ギャップフィードバック」と呼んでいます。

フィードバックというと問題や課題の指摘、すなわちギャップフィードバックを思い浮かべる方が多いでしょう。しかしフィードバックは問題の指摘だけではなく、本人が気づいていない強みや長所を伝えてあげることも相手の成長に繋がります。これが「ポジティブフィードバック」です。

相手の長所や強みを伝えたり、努力や成果を認めたりするフィードバック、わかりやすく言えば、ほめることです。そう言うと、「そんなのは簡単じゃないか」と感じる人もい

図5 フィードバックの種類

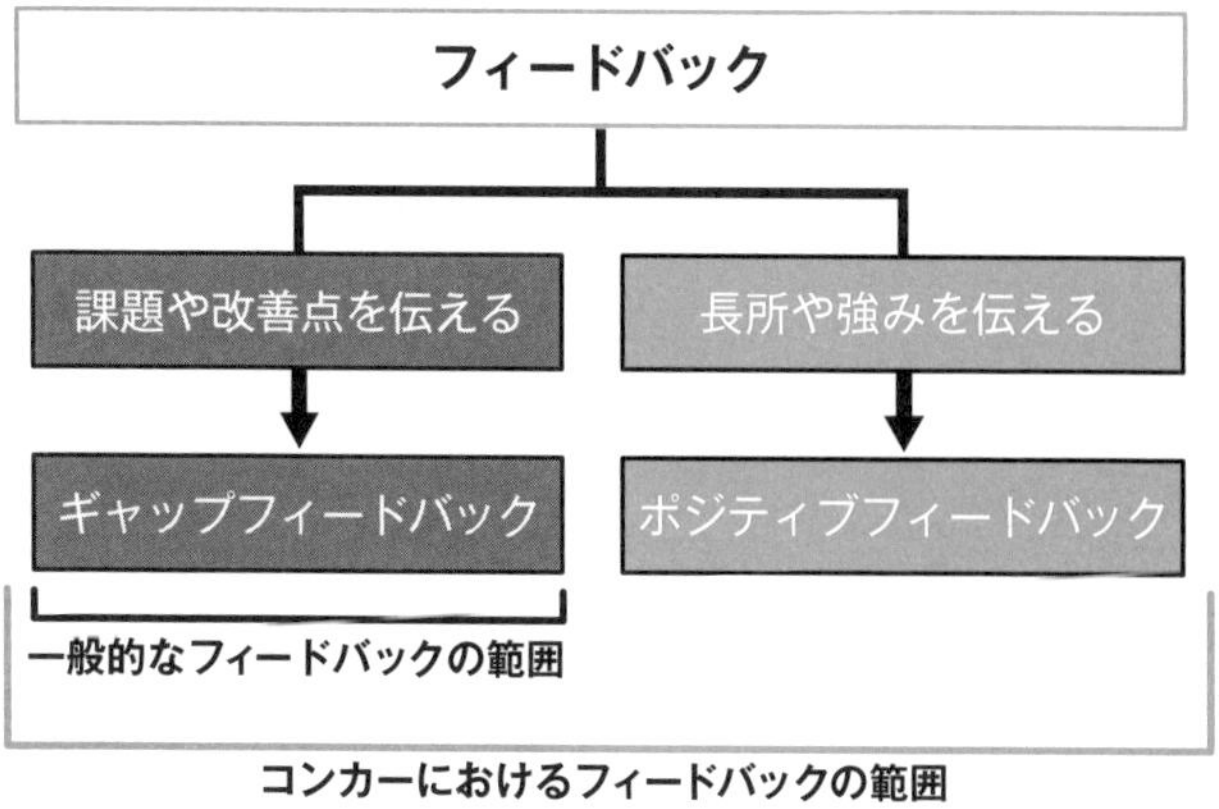

るかもしれません。しかし、そうでもないのです。ポジティブフィードバックは意識していなければ案外、忘れがちです。

私は直属の部下や一般社員とのミーティングの際などに、「会社や私に対して何かフィードバックはありませんか?」とよく尋ねるようにしています。そうすると「いえ、特に問題は感じていません」と答える人が結構います。経営者としては、会社に対するポジティブフィードバックがあれば、ぜひ伝えてほしいところですが、残念ながらポジティブフィードバックをくれる社員は少数派です。実際によいところが思い浮かばない可能性もありますが、フィードバック文化が浸透しているコンカーの社員でさえも、フィードバック=ギャップフィードバックという理解が頭にこびりついており、「フィードバックはありませんか？」との問いに対して反射的に「ギャップフィードバックを聞かれている」と思ってしまうようなのです。

ポジティブフィードバックが意外に難しいもうひとつの理由は、日本社会ならではの〝気恥ずかしさ〟です。やはりハイコンテクスト文化の影響もあって、ほめる行為に照れ臭さを感じる人も多いように感じます。

その点、私が仕えてきたアメリカ人の上司たちはギャップフィードバックもポジティブフィードバックも非常にバランスよくできていました。一般的に欧米人は、部下がいい仕事をすれば、しっかり言葉にしてほめてくれるし、部下の長所や強みを積極的に見つけ出そうとしてくれます。時にはこちらが照れてしまうほどに大げさにほめてくれます。ローコンテクスト文化の社会で暮らしている彼らは、「何事も言葉にして口に出さなければ伝わらない」という感覚を持っているのでしょう。

ポジティブフィードバックについては第2章においてさらに深掘りして解説します。

■基本概念3：フィードバックの方向 「上司から部下」だけでなく、全方向に

コンカー流フィードバックの基本概念、3つめは「方向」です。

コンカーでは「高め合う文化」を創造すると宣言し、社員向けにフィードバック研修を実施しています。2018年頃からは私が自分で講師役を務めています。

その折、研修用のコンテンツをつくるにあたり、自分なりに勉強する必要があったため、当時、日本国内で出版されているフィードバック関連の書籍にひと通り目を通しました。

その結果わかったのが、フィードバックに関連した書籍の多くは「上司から部下に対するギャップフィードバック」だけに言及しているということです。方向はあくまでも「上から下」のみ。多分、これがフィードバックについて日本人が抱いている一般的なイメージでもあるのでしょう。

けれども、すでに見てきた通り、コンカーで推進しているのは「上司から部下」へのフィードバックだけではありません。逆方向に当たる「**部下から上司**」へのフィードバックや、横方向に当たる「**同僚同士**」のフィードバックも奨励しています。さらに「**他部門の上司・同僚・後輩**」といった斜めの関係においても積極的にフィードバックをするように勧めています。私たちが理想としているのは、「全方向」のフィードバックが組織内であまねく展開されている状態です（P48 図6）。

全方向のフィードバックというと、「360度評価」のことを思い浮かべる人が多いようです。しかし360度評価はあくまで事前に評価者が決められており、年次の評価の枠組みでのみ実施されるのに対して、「全方向のフィードバック」はあらゆる組み合わせで日常的に実施するものです。

会社内における管理職や経営幹部というのは単なる「役割」にすぎず、人間として完璧

図6　フィードバックの大切さ―あらゆる方向でフィードバックし合う

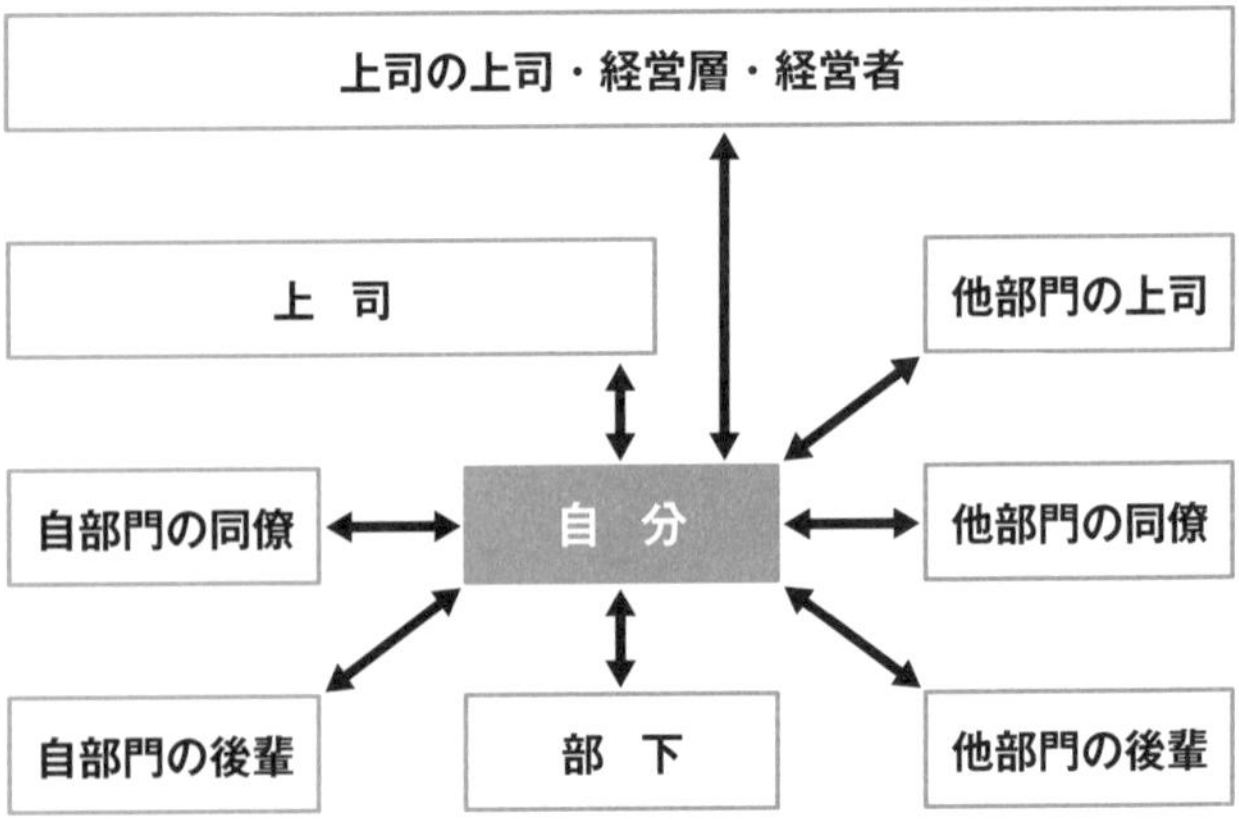

なわけではありません。管理職も経営幹部も、長所も備えていれば、短所や課題も抱えているという点では一般社員と何ら変わりません。長所を伸ばし、課題を克服して成長するためには、自分の仕事のやり方を近くでつぶさに見ている部下からのフィードバックはとても貴重な成長の糧になり得るのです。

それは、トップである私自身も同じです。常に成長し続け、その速度を上げていくために、直属の部下に対しても一般社員に対しても、自分からフィードバックを求めていくように心がけています。

組織内で全方向のフィードバックを実践するうえでは、心理的安全性がとても重要です。たとえば日常的な言葉遣いも大切かもしれません。私は、仕事中は基本的に誰に対しても敬語（丁寧語）を使って話すようにしています。それは、最初に就職したSAPジャパンで2年目に管理職に昇進して、年上の部下を率いる立場になった頃からの習慣で、会社内では自分がどんなに上位の役職であるかに関係なく、すべての人に敬意を払うべきだと思って続けています。

誰とでも敬語で話す習慣はコンカー社内ではかなり浸透していて、部下に対してぞんざいな言葉を使い高圧的に接する上司は見かけません。そうした心遣いによって、部下にとっては心理的安全性が高まり、上司と部下の関係性を健全な状態に保つことに役立っているだけでなく、全方向のフィードバックを展開していく際の下地にもなっているのではないかと思います。

敬意もなく高圧的な態度で接する上司に誰がフィードバックをするでしょうか。「ここを改善すればもっとよくなるのに」と部下が思っても口をつぐむばかりです。口に出せないフラストレーションはあきらめに繋がり、飲み会など上司のいない場で「上司の悪口大会」となって吐き出されるのです。上司にとっても、部下にとっても不幸なことです。

管理職や経営層の読者は、今一度、自分が高圧的な態度で部下に接していないか振り返るべきです。部下に対しても敬意を払い、謙虚になることで部下の心理的安全性を高め、部下からもフィードバックしてもらえる関係性を目指してみてはいかがでしょうか。

セルフチェック1：フィードバックの実践度とスタイル

あなたのフィードバック実践度は？

「方向」と「種類」に着目して判定し、0点（皆無）から3点（日常的にやる）まで点数を図7に記入してください。

管理職なら8〜11点、一般社員なら5〜7点を取れれば、フィードバック中級者です（図8）。

あなたのフィードバックスタイルは？

セルフチェック1で自己判定したギャップフィードバックの合計点数とポジティブフィードバックの合計点数を（P52 図9）と照らし合わせて、あなたのフィードバックのスタイルを確認してみましょう。

目指すべきは、ギャップもポジティブも両方得意とするグレートフィードバッカーです。

図 7　フィードバック実践チェック―スコア表

0点：皆無　1点：ごくまれにやる　2点：時々やる　3点：日常的にやる

		方向			合計点
		上司→部下（管理職のみ）	部下→上司	同僚→同僚	
種類	ギャップフィードバック	点	点	点	ギャップFBの合計点 点
	ポジティブフィードバック	点	点	点	ポジティブFBの合計点 点
合計点		上司→部下の合計点 点	部下→上司の合計点 点	同僚→同僚の合計点 点	総合計点 点

図 8　スコア表・解説

管理職	一般社員	実践レベル
15～18	11～12	フィードバック超上級者
12～14	8～10	フィードバック上級者
8～11	5～7	フィードバック中級者
4～7	2～4	フィードバック初級者
0～3	0～1	フィードバック見習い

図9　あなたのフィードバックスタイルは？

■基本概念4：フィードバックの受け止め力｜伝える力だけでなくコーチャビリティを伸ばす

基本概念の4つめとして、フィードバックの「受け止め力」についてお話しします。

2017年にフィードバックの実践を奨励して以降、コンカーでは社員同士が全方向で活発にフィードバックし合うようになりました。そうしたよい傾向がある一方で、直属の本部長たちから「部下に○○という問題があるんですが、うまく伝えられなくて悩んでます」とか、一般社員からも「上司が○○を直してくれたらと思うんですが……」といった悩みが寄せられていました。どうも「フィードバックすればいいじゃないですか」のひと言では片づけられそうもありませんし、実際に私自身も、少し頑固

図10　フィードバックを躊躇したことがありますか？

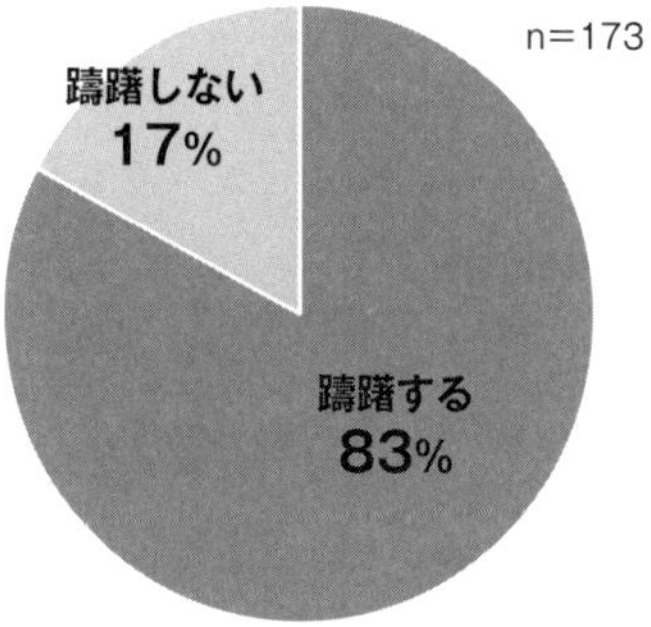

出所：2019年7月 全社合宿時モニターアンケート

なところがある部下に厳しいフィードバックをしなければならない時には、どのように伝えるべきか悩むことも多くありました。

2019年頃のことです。フィードバックを建設的に伝えるスキルやテクニックは研修でしっかりと共有したのに、フィードバックに躊躇してしまう社員が多いのはどうしてなのか、そもそもフィードバック文化を推進している自分自身ですらも躊躇を感じてしまうことがあるのはなぜなのか、その原因を深く考えてみました。そうしたところ躊躇の原因は自分自身の中にあるのではなく、むしろ前向きなフィードバックにすらも拒否反応を示してしまう相手側の〝受け止め力〟にその原因があるのではないかとの考えに思い至りました。つまりフィードバックの広がりを妨げるのは、「伝え手の問題」というよりはむし

図11　躊躇する理由を強いて選ぶとしたら？

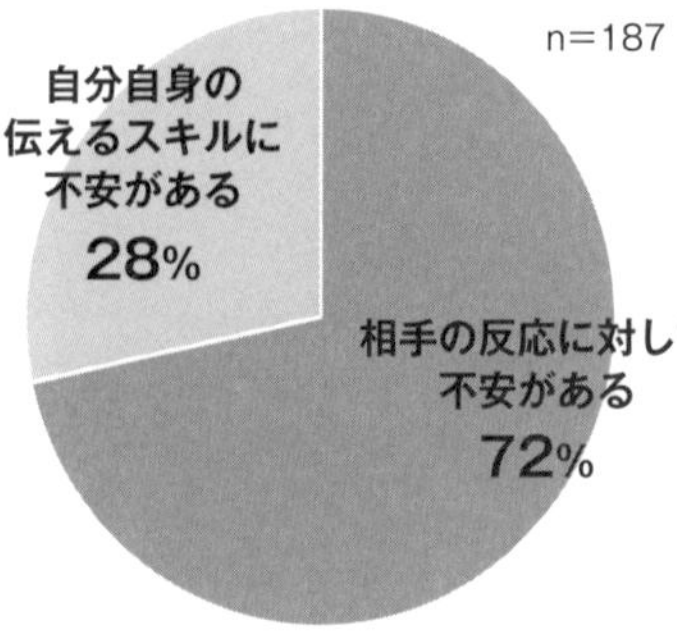

出所：2019年7月 全社合宿時モニターアンケート

ろ「受け手の問題」なのではないかという仮説を立てたのです。

この仮説を受けて、2019年の全社員が参加する合宿（オフサイトミーティングと呼んでいます）のテーマとして、フィードバックの受け手の問題を社員と深く考えることにしました。

その合宿ではまず社員にアンケートを実施しました。「あなたはフィードバックを躊躇したことがありますか？」と尋ねたところ、「躊躇する」と回答した人は83％に上りました。

フィードバック文化が浸透しているコンカーにおいてでさえ、実に8割以上の社員が多かれ少なかれ躊躇すると答えたのです。

そして次のアンケートで「フィードバックを躊躇する理由」についても聞いたところ、

仮説通りの結果が出ました。「自分自身の伝えるスキルに不安がある」（28％）よりも、「相手の反応に対して不安がある」（72％）が大きく上回ったのです。

つまり、フィードバックをしづらいのは、「適切なやり方がわからない」といった自分側の問題に不安を感じるからというよりは、「相手が気を悪くしたり反発したりするのではないか」といった相手側の反応に不安を感じる人の方がはるかに多いことがわかりました。こうして当初の仮説の正しさが証明されたのです。

この仮説検証に基づき、2019年の合宿では「フィードバックの受け手のスキル」にフォーカスして全社員で議論することにしました。

フィードバックを私はよくサーカスの空中ブランコにたとえています。伝え手は相手の反応に不安を抱えがちです。それでも「きっと受け止めてくれるだろう」と信じてフィードバックをします。空中ブランコも、受け手が受け止めてくれるかどうか心配だったら絶対に飛べません。「相手が受け止めてくれるはずだ」と信頼できるからこそ、思い切ってブランコから手を放し、相手の方に向かって飛べるのです。

けれども、せっかく勇気を出して適切なフィードバックをしても、その内容を相手がしっかりと受け止めてくれなかったら、ましてや逆切れでもされようものなら、伝え手としては後悔が残ります。その後はフィードバックの意欲自体を削がれかねません。そういうフィードバックを受け止められない人たちが増えていけば、組織内にフィードバックが広がりづらくなってしまいます。

だからこそ、フィードバックの実践度を高めていくためには、受け手側のスキル、耳の痛い話を受け止める心構えを高める必要があると考えたのです。この受け手側の能力のことをコンカーでは「コーチャビリティ（coachability）」と呼んでいます。フィードバックは空中ブランコのように〝伝え手と受け手の共同作業〟であり、伝え手のスキルだけでなく、受け手のコーチャビリティが欠かせないのです。

このコーチャビリティは能力でありスキルなので、努力すれば習得することができるし、向上させることも可能です。

コーチャビリティについては第4章で詳細に解説します。

■基本概念5：組織的な取り組み――経営戦略・組織文化として取り組む

いくら優れたフィードバックスキルを身につけても、組織の誰もフィードバックしようとしない雰囲気の中で、他者にフィードバックするのは大変な勇気が必要とされます。マッキンゼーやコンカーでフィードバックが活発に行われているのは、フィードバックし合うことが組織文化にまで溶け込んでいることが大きく影響しています。

「フィードバックを活発にやりましょう」と経営者が言っても、フィードバックが当たり前のように交わされる組織文化は育ちません。かけ声倒れに終わってしまうのがオチです。

フィードバックの活性化を社員個々人の自主性のみに頼るのではなく、経営者やリーダーによるトップダウンの取り組みも重要です。

どうすればフィードバックを組織文化にすることができるのか。フィードバックを経営戦略に位置づけることの意義や、具体的な実践方法について、第5章「経営戦略としてのフィードバック」で詳細に解説します。

第 2 章

ポジティブ
フィードバックを
マスターする

01

ポジティブフィードバックの目的と効用

ここからはポジティブフィードバックの技法を解説します。その前に、まずポジティブフィードバックの目的について整理しておきます。

ポジティブフィードバックとは相手をほめることであり、また相手の長所や強みを伝えたり、成果や努力を認めたりするコミュニケーションです。その目的を「相手のため」と「お互いのため」の2つの観点に分けて解説します。

相手にとってのポジティブフィードバックの効果

受け手にとってのポジティブフィードバックの効果を「**好ましい行動の強化**」「**好ましい行動への転換**」「**承認欲求の充足**」という3つの観点から詳しく見ていきましょう。

図12 ポジティブフィードバックの目的

相手のため	お互いのため
好ましい行動の強化 例：「今回“も”期限厳守で素晴らしい！」 いつも期限を守る相手に、 今後も守り続けてほしいから	**相互の関係強化** 関係性の潤滑油
好ましい行動への転換 例：「今回“は”期限厳守で素晴らしい！」 期限を守れない相手に、 期限厳守に変わってほしいから	**心理的安全性を高める** 立場の弱い相手に自由で 闊達な発言と行動を促す
承認欲求の充足 自信を強化して、成長の糧にしてもらう	**“フィードバック濃度”を高める** 将来的にギャップフィードバック しやすくなる
↓ **成長へ**	↓ **よい関係へ**

■好ましい行動の強化

初めに、「ほめて伸ばす」ことをここでは「好ましい行動の強化」として説明します。話をわかりやすくするために、ペットの飼育を例にお話しします。

犬を飼い始めたとき、最初に飼い主が一番悩まされるのは、トイレのしつけです。室内での排泄に慣れていない犬はしばしば粗相をし、困った飼い主はきつく叱ってしまいがちです。しかし、犬の方は人間に何度叱られても、その理由がわかりません。叱られる度に怯えるだけで、次第に排泄の行為自体に恐怖を感じるようになっていき、ますますしつけが難しくなるといいます。

では、どうすればいいのか。尿意や便意をもよおした犬がモゾモゾと動き出したら、タイミングを逃さずにトイレまで連れていき、様子を見守る。そして、無事にトイレをすませることができたら、「うわー、よくできたねー！」と大げさなぐらいにほめてあげる。そうすると、犬は決まった場所で排泄をすれば飼い主にほめられるということを学習し、トイレの習慣が身についていきます。これが正しいトイレのしつけ方であり、「好ましい行動の強化」です。

同じことは人間の子育てについても言えます。たとえば、子どもが小学校に通い始めたばかりの頃、親はわが子を心配するあまり、「明日の学校の準備はすんだの？」とせかしたり、「まだやってないの！」と叱ったりしたくなるものです。けれども、大切なのは、子どもが自分で準備をする様子を見守って、ちゃんとできたら「すごい、ひとりでできたね！」とほめてあげることです。そうすれば、翌日の学校の準備を自分でやってから就寝するという行動が強化され、子どもはひと回り成長するのです。

ビジネススキルの話にペットの飼育や子育ての例を持ち出すのはいかがなものか、と思われる人もいるかもしれません。子どもはほめて伸びるとよく言いますが、それは大人にも当てはまります。自分の行動に対するポジティブフィードバックを受けることで、その行動がより強化されるというプロセスは、犬も子どもも働く大人も共通していると言えるのです。

特に働く大人の場合、複雑な状況に身を置いて日々行動しているため、自分が取っている行動が周囲にとって本当に好ましいものなのかどうかが自分ではよくわからないことがあります。だからこそ、好ましい行動を強化するためには、他者からのポジティブフィードバックが有効なのです。そして行動の強化が定着すれば、行動の習慣化へと繋がっていきます。それは相手にとって一段階成長することを意味します。

ひとつ例を挙げます。コンカーでのアメリカ人の上司とのエピソードです。外資系企業はグローバルで標準化された考え方をお客様に押しつけてしまうようなことが時々起こります。しかし私はコンカーの社長を引き受けるにあたり、「コンカーが日本市場に根づいて発展するには、日本市場に特有の考え方や商習慣を本社も深く理解すべきだ」と考えていました。

彼が来日し、契約直前のあるお客様を訪問したときのことです。訪問の時点では契約が完了しており御礼訪問になるはずだったのですが、契約締結に予定より時間を要していました。時間がかかって申し訳ないとすまなそうなお客様に対して彼は「日本企業では〝稟議〟プロセスが不可欠なので、最終決定に時間がかかることは理解できます」といった日本企業ならではの事情を踏まえたコミュニケーションをしてくれたのです。私はその機を逃さず帰り道に、「日本のビジネス習慣をよく理解してくれて嬉しい」と、やや大げさなぐらいにほめました。そうすると、彼も私からの期待に応えられたことが嬉しかったようで、それ以降は以前にも増して日本の商習慣に理解を示してくれるようになりました。

好ましい行動への転換

ポジティブフィードバックは「好ましい行動の〝強化〟」だけではなく、「好ましい行動への〝転換〟」にも使えます。相手に何か課題があり、ギャップフィードバックをしたいのだけれど、なかなか切り出せないことがあります。そうした時に、相手がふと「好ましい行動」をしたら、その行動を見逃さずにほめることで、次回からも「好ましい行動」が定着することに繋がります。

たとえば、仕事の期限を超過しがちな同僚がいて、いつも困っていたのだけれど、フィードバックを伝えることができずにいたとします。そんな同僚があるとき珍しく期限通りに仕事を仕上げたときには、「期限通りに仕事を仕上げることは当たり前」とは考えずに、「〇〇さん、難しい仕事だったのに期限通りに仕上げてくれたんですね！　相当頑張ってくれたんですね！　ありがとうございます」などと、しっかりと言葉に出してほめてあげるのです。「好ましい行動をすればほめられる」という回路が相手に埋め込まれれば、問題行動が好ましい行動に徐々に転換されていくでしょう。

ギャップフィードバックが苦手な方にとっては、相手の問題行動に直面しても、タイムリーにフィードバックするのはたやすくありません。ですがこの方法を適切に使えば、ポジティブフィードバックをしているのにもかかわらず、ギャップフィードバックと同様の効用が得られるはずです。ぜひ積極的に活用してみてください。

承認欲求の充足

自分に自信がある人は、他者からの評価が気にならず、承認欲求もそう強くありません。しかしそのような人はどちらかと言えば少数派で、多かれ少なかれさまざまな不安を抱え、他者からの承認を求めている人が多くいます。

「自己実現の欲求」を頂点とした「マズローの欲求5段階説」という理論があります。この理論の観点から考えてみても、物質面で豊かになり、さまざまな社会制度の整備が進んだ現代社会においては、下の層にあたる「生理的欲求」「安全の欲求」「社会的欲求」までは満たされている人が多いものの、次の段階にあたる「承認欲求」は満たされない人が多いのではないでしょうか。SNSで「いいね」が気になってしまう人が多いのも、このような傾向を映していると思われます。

ポジティブフィードバックをすることで相手の強みや長所を言葉にして伝え、承認欲求を充足してあげましょう。承認欲求の奥底には自信のなさが潜んでいることが多く、自信のなさは「仕事が受け身になってしまう」「引っ込み思案になってしまう」など、ネガティブな影響を引き起こします。自信を深めさせることで、相手の本来のポテンシャルを引き出す手助けをしてあげてください。

お互いにとってのポジティブフィードバックの効果

ポジティブフィードバックは「相手のため」だけではなく、お互いのよい関係を構築するのにも効果があります。

■相互の関係強化

ポジティブフィードバックをこまめにすることで相手との関係性は確実によくなります。もちろん、「おだて」や「おべっか」といったうわべではなく、心に届く本音のフィードバックが必要です。心に届くポジティブフィードバックを続けていれば、きっとその気持ちは相手に伝わります。そしてあなたに対する相手の心理的な距離は確実に縮まり、よい関係を築くことができるはずです。

■心理的安全性を高める

学生の時のバイトでも、社会人になって就職した初めての仕事でも、転職して間もない状況でも、新しい環境に慣れていない頃のことを思い出してください。仕事をしていて何か問題に気づき、改善のアイデアがあったとしても、「右も左もわからない自分が発言してよいのだろうか」とつい口をつぐんでしまった経験があるのではないでしょうか。

またベテラン社員であっても普段叱られることが多い状況では、「いつも叱られている自分に発言する資格があるのか」と引っ込み思案になり、ますます受け身になりかねません。

そんな立場の弱い相手、自信をなくしている相手にもポジティブフィードバックは効き目があります。どんな小さいことでも、よかった点や隠れた強みに気づき、言葉にしてほめてあげる。それが弱い立場の相手にとってはどんなに自信に繋がることか。ぜひ立場の弱い人たちの心理的安全性を高め、活躍し始めるきっかけを与えてあげてください。

■フィードバック濃度が高まる

相手の弱点や課題に対して、いざギャップフィードバックをしなければならない時に大切なのが、普段から本音を伝え合える関係性になっておくということです。普段からポジティブフィードバックを積み重ねておくことは、感じたことを率直に伝えられる雰囲気づくりに繋がります。

仲のよい夫婦関係を構築するには、相手の問題を抱え込まず、きちんと伝え合うことが大切と言います。これは夫婦関係のみならず、ビジネスの人間関係においても同様です。しかしギャップフィードバックばかりし合っていると、さすがにお互い疲れますし、ギャップフィードバックの機会は本来さほど多くありません。むしろ圧倒的に多いのはポジジィブフィードバックの機会のはず。普段からそういう機会を見過ごさずにほめ合ってフィードバックの濃度を高めておいた方が、いざというときのギャップフィードバックも伝えやすくなります。そしてそれがよいことも悪いことも率直に言い合える、お互いにとってよい関係の構築に繋がるのです。

02

「5W1H」で摑む、ポジティブフィードバックのコツ

それでは技法の解説に話を進めます。ポジティブフィードバックのコツを「5W1H」の観点から順に見ていきましょう。フレームワークで整理した方がわかりやすいため、少々無理に5W1Hに当てはめているものもあるのをご了承ください。

Why：どのようなマインドでフィードバックするのか

初めは「Why」。なぜポジティブフィードバックをするのかということ、つまりマインドです。

①相手の成長を願う

フィードバックの原点は繰り返し述べてきた通り、「相手の成長を願うから」に尽きます。これはギャップフィードバックだけではなく、ポジティブフィードバックにも当てては

図 13 「ポジティブフィードバックの 5W1H」フレームワーク

Why = マインド

1 相手の成長を願う
すべての源泉

2 相手に関心を持つ
関心を持てば気づける

3 気恥ずかしさを捨てる
慣れてしまえば習慣化できる

When

4 リアルタイムに
早ければ早いほど
効果が高まる

5 こまめに
気づいたらすぐ、軽く、
カジュアルに

Where

9 メールや文書でも
あとでじんわりと
沁みる効果も

10 他者の前でも
ミーティングや
CC 付きのメールで

How

13 できて当たり前と思わない
人によって基準を変える
進歩や努力があれば称える

14 心からほめる
おだては見抜かれるし、
時には 信用を失う
リスクも

15 次のゴールを与える
小さな“あと一歩”は
受け入れられる

16 なってほしい姿をイメージして
ピグマリオン効果で
ほめて伸ばす

17 第三者を活用して
ウィンザー効果で
信ぴょう性を高める

Who

6 上司にも、誰にでも
上司もポジティブ
フィードバックは
嬉しいし成長の糧になる

7 他人と比較しない
他人と比較されても
嬉しくない

8 過去と比較する
成長を実感できる

What

11 「なぜ」を使って具体的に
「すごくよかった」
ではなく「何がどう
すごくよかったのか」

12 結果だけでなくプロセスも
再現性が高まる、
失敗からも
学びを得られる

まります。「相手を喜ばせたい」とか「相手の歓心を買いたい」といった気持ちから出たほめ言葉は、多少相手を喜ばせるかもしれませんが、本当に相手の心に響くのは、長所や強みをもっと伸ばしてほしい、もっと努力し続けてほしい、もっと自信を深めてほしい、と願う気持ちなのです。

② 相手に関心を持つ

数年前に放送され、当時話題になったアイドルグループのオーディション番組がありました。その番組では審査員であるプロデューサーが候補者に対してフィードバックをするのですが、その内容があまりにも鋭く的確だということで、放送当時にはずいぶんと注目を浴びました。課題はズバッと厳しく指摘し、ほめるべきところは愛情を持ってほめる。短所の指摘も、長所に対するほめも、どちらも候補者たちの心に響いているのが視聴者である私にもよくわかりました。

そのプロデューサーがバラエティ番組に出演しているのをたまたま見かけた時のことです。司会者からの「あなたの指摘はどうしてそんなに本質を突いているのですか？」との問いに、「相手への関心に尽きます。相手への強い関心があってこそ、強みも弱みも見えてくるのです」と回答していました。

フィードバックにおいて、相手への関心がいかに大切であるかを再認識するよい機会になりました。

③ 気恥ずかしさを捨てる

ポジティブフィードバックをする際にどうしてもつきまといがちなのが、照れ臭さや気恥ずかしさです。冒頭で述べたようにハイコンテクスト文化の日本社会では、相手のよい点に気づいても言葉に出してほめるのをためらう人が多くいます。

コンカーではフィードバックの実施状況を半年に1回、モニタリングしています。この結果をもとに管理職のフィードバックスタイルを、ギャップフィードバックの縦軸とポジティブフィードバックの横軸から4象限に分けて分析しています（P272 図44）。

【グッドフィードバッカー】　ギャップもポジティブも両方多い人
【ギャップフィードバッカー】　ギャップは多いが、ポジティブが少ない人
【ポジティブフィードバッカー】　ギャップは少ないが、ポジティブが多い人
【プアフィードバッカー】　ギャップもポジティブも両方少ない人

この中でもギャップフィードバッカーの管理職は本当にもったいない。普通に考えたら、ギャップフィードバックよりもポジティブフィードバックの方がはるかに簡単なはずです。

なのに、なぜ部下のほめどころを見つけてほめないのか、疑問に思い、あるギャップフィードバッカーの管理職と1on1で話す機会にその理由を聞きました。そうしたところ「普段は厳しめの上司と思われているので、ほめるのが照れ臭い」と回答するのです。

その管理職は非常に優秀だと社内でも評判の人物です。ポジティブフィードバックの効用を改めて理解すれば、この人は必ずや実践できるはずだ。そう信じながら、私から「部下の成長を願っているからこそ、厳しく接しているのでしょう。その姿勢はぜひ続けてください。ただ厳しさに加えて、ポジティブフィードバックでほめて自信を深めさせてあげることも部下の成長に繋がるのではないでしょうか。ましてや自分にも周囲の人にもストイックなあなたからもらったポジティブフィードバックであれば、部下はより一層嬉しいはずですし、自信を深める機会にもなるはずです」と伝えました。その管理職は、合点がいったのか、気恥ずかしさや照れ臭さを克服すると約束してくれました。

その後のフィードバック調査の結果が出たとき、真っ先にその管理職のスコアに注目しました。するとポジティブフィードバックのスコアが飛躍的に向上していたのです。その管理職が頑張って部下をほめている姿を頭に浮かべながら「管理職として成長してくれたんだなあ」と目を細めました。

気恥ずかしさや照れ臭さは、ハイコンテクストの文化で育った私たちにとっては当然の感情です。でも何とか克服してください。勇気を持って何度かやってみれば、相手の表情が「ぱっと明るくなる」などポジティブな反応が自分にとっても喜びとなり、いつしか習慣化できるはずです。

When：いつフィードバックするのか

続いて「When」。ポジティブフィードバックするタイミングです。コツは「リアルタイムに」と「こまめに」の2つです。

④ リアルタイムに

ポジティブフィードバックは、早ければ早いほど効果が高まります。相手の好ましい行動を見たら、リアルタイムですぐにほめるのがよく、機会を逃すべきではありません。なぜなら、「いつかほめよう」と思っていても忘れてしまうのがオチだからです。ほめられる側も、「先週のプレゼン、よかったね」と時間をおいてから言われるよりも、「今のプレゼン、よかったよ」と直後に言われる方が嬉しく感じます。

⑤ こまめに

もうひとつのこまめにというのは、「溜め込まない」ということです。「ほめることがいくつか溜まってから、まとめてほめよう」と思っていても、そうこうしているうちに忘れてしまいがちです。だから、ひとつでもほめることがあれば、その場ですぐにほめるべきです。

コンカー社員の間では、顧客向けのプレゼンや社内のミーティングなどの直後に、「資料がよくまとまっていた」とか「事前の準備がよくできていた」といった具合に、どんどんポジティブフィードバックをし合う習慣がついています。気づいたらすぐに、軽く、カジュアルにほめることが大切だという意識が社員の中で共有されているのです。

お客様訪問の後、プレゼンの後、あるいは普段のミーティングの後など、仕事で発生するあらゆる機会を活かして、相手の「ほめどころ」をポジティブフィードバックする習慣を身につけてはいかがでしょうか。そうした行動を積み重ねていると、周囲から「あの人はこまめにフィードバックをしてくれる人」として感謝され、さらには敬意を持たれることにさえ繋がります。

Who：誰にするのか、誰と比較するのか

次に「Who」。誰にポジティブフィードバックするのか、誰と比較するのか、について説明します。

⑥ 上司にも、誰にでも

これについてはこれまでにも何度か解説しました。フィードバックは上司から部下への一方通行のコミュニケーションではありません。部下から上司、同僚同士、あるいは他部門の上司・同僚・後輩といったあらゆる関係においても積極的にポジティブフィードバックをして、組織内のフィードバック濃度を高めていただきたいと思います。

特に上司にポジティブフィードバックをするとなると、「お世辞を言っていると受け止められたら恥ずかしい」と感じてためらってしまう人も少なくないはずです。しかし、そういう照れ臭さや気恥ずかしさは一切捨てるべきです。なぜなら、たとえ上司であっても、自分の行動が常に正しいかどうかは自分ではなかなかわからないし、「自分は果たして正しい行動ができているだろうか？」という不安を抱えているからです。

その点は、社長を務めている私自身も例外ではありません。たとえば記者会見で発表したり、講演で登壇したりするときは、話している最中に「言いたいことがちゃんと伝わっているだろうか？」と不安に駆られますし、話し終わった後も「うまくできたのだろうか？」と心配になります。

そんなときに、同行してくれている社員から「三村さん、〇〇〇の部分がよかったです。とてもわかりやすかったですよ」などとポジティブフィードバックをしてもらうと、自分の発表や発言の仕方に自信が持てるだけでなく、次回に向けての励みになります。

世間では、上司というのは、「やりがい」を感じていなくても働ける人たちだと思われているふしがあります。けれども、それはまったくの誤解です。上司であっても社長であっても、働くからにはやりがいを必要としており、また時には自信を失っているものです。上司であっても部下からのポジティブフィードバックによって、成長へのエネルギーが蓄えられます。だから、恥ずかしがったり遠慮したりせずに、ぜひ上司にポジティブフィードバックを贈ってあげてください。

⑦ 他人と比較しない

ポジティブフィードバックをする際には「本人以外」を引き合いに出さないこと、つまり他者と比較しないようにしましょう。

たとえばAさんをほめようと思ったときに、わざわざBさんを引き合いに出して「Bさんと同じ域に達してきたね」とか「Bさんと比べても遜色ないよ」などと言ってしまうと、Aさんは自分がほめられているのか、Bさんがほめられているのかが、よくわからなくなります。特にAさんがBさんのことを尊敬していなかったり、あまりよく思っていなかったりした場合は、「あのBさんと比較されてもなあ……」というふうに複雑な感情を抱いてしまいます。

もちろん他者との比較がうまくハマって、それが本人の喜びに繋がるケースもありえますので、絶対にNGというわけではありません。しかし、うまくいかないリスクの方が大きいため、注意が必要です。

⑧ 過去と比較する

比較対象が他者ではなく、「過去の相手」である場合はもちろんOKです。「以前はできなかったことが高いレベルでできるようになりましたね」とか、「ずっと短所だったところを努力して克服しましたね」といったように、「相手の過去の実力や能力」と比較してポジティブフィードバックを伝えるのです。そうすると本人は「自分は成長したんだなあ」というように高い成長実感を得られます。

Where：どのような手段で、どこでフィードバックするのか

話をポジティブフィードバックの「Where」に進めましょう。ギャップフィードバックの章で後述しますが、ギャップフィードバックの大原則として、「メールやチャットではなく、口頭で」と「他者がいる場は避け、1対1の場で」というものがあります。むしろポジティブフィードバックの場合は、この原則にとらわれる必要は一切ありません。むしろ「口頭ではなくメールや文章を活用する」「1対1の場だけでなく、他者がいる前でもほめ

る」を積極的に活用するとよいでしょう。

⑨ メールや文章でも

皆さんには、上司や取引先からメールでほめてもらって、あまりの嬉しさに何度も文面を読み返したといった記憶はありませんか？　メールや文書によるポジティブフィードバックは、書き言葉にすることによって内容がより明確になり、効果の持続性も保たれやすくなります。だから、受け手の心によく沁みますし、受け手は文章を読み返す度に、ポジティブフィードバックを受けたときの喜びをじんわりと思い出すことができます。

私も若手の時に、いつも厳しかった先輩社員からのメールに書き添えられていたほめ言葉をもらった時の嬉しさは今でもよく覚えています。

今では私自身もメールで社員にポジティブフィードバックをするようにしています。業務連絡のメールを打つときに、「〇〇していただいて、素晴らしかったです」とか「〇〇の部分が特によかったです」といったポジティブフィードバックをひと言添えるように心がけています。一瞬手を止めて考えなくてはならないので、手間はかかりますけれども、「私が若手の時に抱いた嬉しさを感じてくれたらいいな」と思いながら、このひと手間を大切にしています。

⑩ 他者の前でも

他者がいる状況でのポジティブフィードバックは効果が高まります。それは、メールにCCを付けてポジティブフィードバックをする場合や、多くのメンバーが参加しているチャットのやり取りでも同じです。「いろいろな人たちが読むメール（チャット）で自分をほめてもらえた」という喜びが、本人のやる気をさらに引き出します。

ただし他者の前でのポジティブフィードバックは、度を越えるとリスクが伴います。ほめ方が過剰だったり、特定の個人に偏っていたりする場合、ほめられている人が「ひいきされている」と周囲から思われ、時にはやっかみの対象になってしまう可能性があります。またほめられなかった人たちが取り残された感覚に陥り、「自分はどうせ……」などと自分を卑下したり、委縮したりしてしまうかもしれません。

あまり神経質になりすぎる必要はありませんが、適度に配慮するとよいでしょう。

What：何をフィードバックするのか

次は「What」。何をほめるかということです。

⑪「なぜ」を使って具体的に

ポジティブフィードバックをする際には〝表層のワナ〟に陥らないことが大切です。できるだけ具体的にほめるよう心がけましょう。「すごくよかった」とか「素晴らしかった」といったうわべをなぞるような浅いほめ方では不十分です。

「今日のプレゼンは素晴らしかったですよ」よりも、「今日のプレゼンは素晴らしかったです。全体の構成がよく整理されていて、課題分析も的を射ていました」というように、具体的かつ理由も添えてほめるとよいでしょう。本人の努力や仕事への向き合い方を認め、よかったポイントを挙げ、そしてそれがどのような好ましい結果に繋がったのか等々、具体的な言葉にしてあげるのです。そうすれば、間違いなく、本人の胸に響くポジティブフィードバックになります。

以前、フィードバックの実施状況を社内で調査した際、ポジティブフィードバックの実践度が低調な管理職がいることがわかりました。本人に話を聞いてみたところ、「いやあ、自分としてはしょっちゅう部下をほめているつもりなんですけど……」と首をひねっていましたが、ほめている時の彼の言動を思い返すと、原因に心当たりがありました。

確かに彼はしょっちゅう部下をほめてはいました。しかし、「その資料、いいね！」とか「その企画、いいね！」といった表層的なほめ方にとどまっていたため、部下の心に響かず、「自分の上司からはポジティブフィードバックをあまり受けていない」と部下に感じさせてしまっていたのです。

上司である本人はポジティブフィードバックを高頻度にやっているつもりなのに、いつもうわべをなぞるようなほめ方になってしまっている。そのため部下の心に刺さらないし、残らない。これを私は、ポジティブフィードバックにおける〝表層のワナ〟と呼んでいます。ポジティブフィードバックをやろうという意識ばかり先行して、なぜほめようと思ったのか、その「理由」を「具体的」に言葉にすることをさぼらないように注意しましょう。

本質をほめるためには、「なぜ」を挟んで事象を深く掘り下げていくというテクニックが有効です。これはトヨタ生産方式における「なぜなぜ分析」と同じ考え方です。トヨタでは、発生した問題の真の原因を明らかにし、再発防止策を講じるために「〝なぜ〟を5回繰り返す」と言われています。例を見てみましょう。


「この人の今日のプレゼンは非常によかった。それはなぜか？」

「資料の完成度が非常に高かったから。それはなぜか？」

「構成がよく整理されており、課題分析や打ち手もクリアだったから。それはなぜか？」

「おそらく準備に相当の時間をかけていたのだろう。それはなぜか？」

「この人は顧客の成功を心から願っていたということだ」

ポジティブフィードバックを伝える前に、こんなふうに「なぜ」をつぶやきながら頭の中で事象を掘り下げていけば、ほめるべきWhatの本質に近づいていくことができます。こうして深めた「ほめどころ」を相手に伝えるのです。「今日のプレゼン、よかったですよ！」という浅いほめ方ではなく、「今日のプレゼンは素晴らしかったです。全体の構成がよく整理されていて、課題分析も的を射ていたし、打ち手もクリアでした。聞いていたお客様も何度もうなずいていましたよ。準備にもしっかりと時間をかけたんですね。お客様の成功を心から願う気持ちが私にも伝わってきました。きっとお客様にも伝わったはずです」とほめた方がはるかに深みがあり、相手が自分でも意識していなかったような本質にたどり着ける可能性もあります。その場合、相手の喜びはさらに大きなものとなります。

浅いほめ方は頭を使う必要がないので楽です。ですが相手の心に響かなければ意味がありません。なぜを5回繰り返さなくても、1回でも2回でも構いません。また慣れてしまえば、「なぜ」を繰り返さなくても、深掘りできるようになります。具体的にほめることは、ひと手間、ふた手間かかりますが、面倒だと逃げずにやってみてください。

⑫ 結果だけでなくプロセスも

ポジティブフィードバックをする際には「プレゼンが上手だった」とか「資料の完成度が高かった」などといった結果に着目しがちです。しかし結果だけではなく、プロセスにも着目するべきです。

たとえば「資料の完成度が高かった」という結果に対して、「よくリサーチしましたね」「準備に相当な時間を費やしたんでしょうね」「あらたな着眼点を見出しましたね」のように、資料の完成度を高めるに至ったプロセスにも着目してほめてあげてください。プロセスのほめどころを考える時、前述した「なぜを繰り返す」方法も有効です。

結果をほめるだけでは、本人はなぜ結果が成功したのか、客観的にわかっていないことがあります。プロセスをほめることによって、成功に至った理由に光が当たり、次に同じ仕事に取り組む時には成功の再現性が高まるのです。

また結果から離れてプロセスに着目することで、仮に結果が失敗だったとしても、仕事の進め方や、チャレンジ精神、努力などといった評価できる点をフィードバックしてあげられるようになります。結果しか評価されないと、「チャレンジ精神や努力はどうせ評価されないので、失敗しない仕事だけやろう」などとリスクを恐れる傾向が強まってしまう可能性があります。プロセスにも着目して、しっかりとほめてあげることで、「結果が失敗だとしても、正しい努力やチャレンジ精神をしっかり評価してもらえる」という意識が根づき、困難な仕事にもチャレンジする意欲が高まります。

コンカーの最初の1、2年、業績が一向に上がらず苦しんでいた時期がありました。米国人の本社上司に「結果を出せてなくて申し訳ない」と言ったところ、「あなたは実行している戦略もプロセスも正しい。だからすまないなんて言う必要はないよ。結果が出るのは時間の問題だから自分を信じなさい」と言われ、どんなに救われる気がしたことか、今でも鮮明に覚えています。あの苦しい時期に、結果ばかりを詰められていたら委縮してしまい、今のコンカーの成長はなかったかもしれません。

How：どのようにフィードバックするのか

さて、最後はポジティブフィードバックの「How」。どのようにほめるかということです。

⑬ できて当たり前と思わない

まずは「できて当たり前と思わない」ことです。ポジティブフィードバックをする基準は相手によって異なります。なぜなら人の能力はそれぞれ異なるから。

特に自分にも他人にも厳しい管理職や先輩社員は要注意です。「これぐらいの簡単な仕事はできて当たり前」「もう入社して○年も経ったのだから、これぐらいできてもらわなくちゃ困る」と思いがちです。

また「この程度のことをほめたら、それで本人が満足してしまう。甘やかさないためにもほめないでおこう」と考える人もいることでしょう。

本人にしてみれば頑張って成果を出したつもりでも、努力や成果を認められない、ほめられないでは、次に頑張ろうとする意欲も損なわれてしまいます。たとえば、入社から数年が経っている社員なら簡単にこなせる仕事でも、新人社員にとっては簡単ではありません。だから、新人がその仕事をこなせるよう成長したら、「できて当たり前」とか、「ほめるのは甘やかしになる」などと思わずに努力をしっかりと言葉に出して称えるべきでしょう。

⑭ 心からほめる

2つめは、「心からほめる」ことです。これはポジティブフィードバックのマインドにも関わる話ですが、特にほめるべきところが見当たらないのに、相手の機嫌を取ろうとおだてても、そのようなマインドは容易に見抜かれてしまいます。それだけでなく、「この人は軽薄だな」と見透かされて信用まで失いかねません。よかれと思ってやったことが、関係性を損なうリスクになってしまっては元も子もありません。フィードバックの頻度を高めることは大切ですが、心がこもっていなければポジティブフィードバックに値しません。ほめるときは心からほめるという姿勢を忘れないようにしてください。

図14　次のゴールを与える

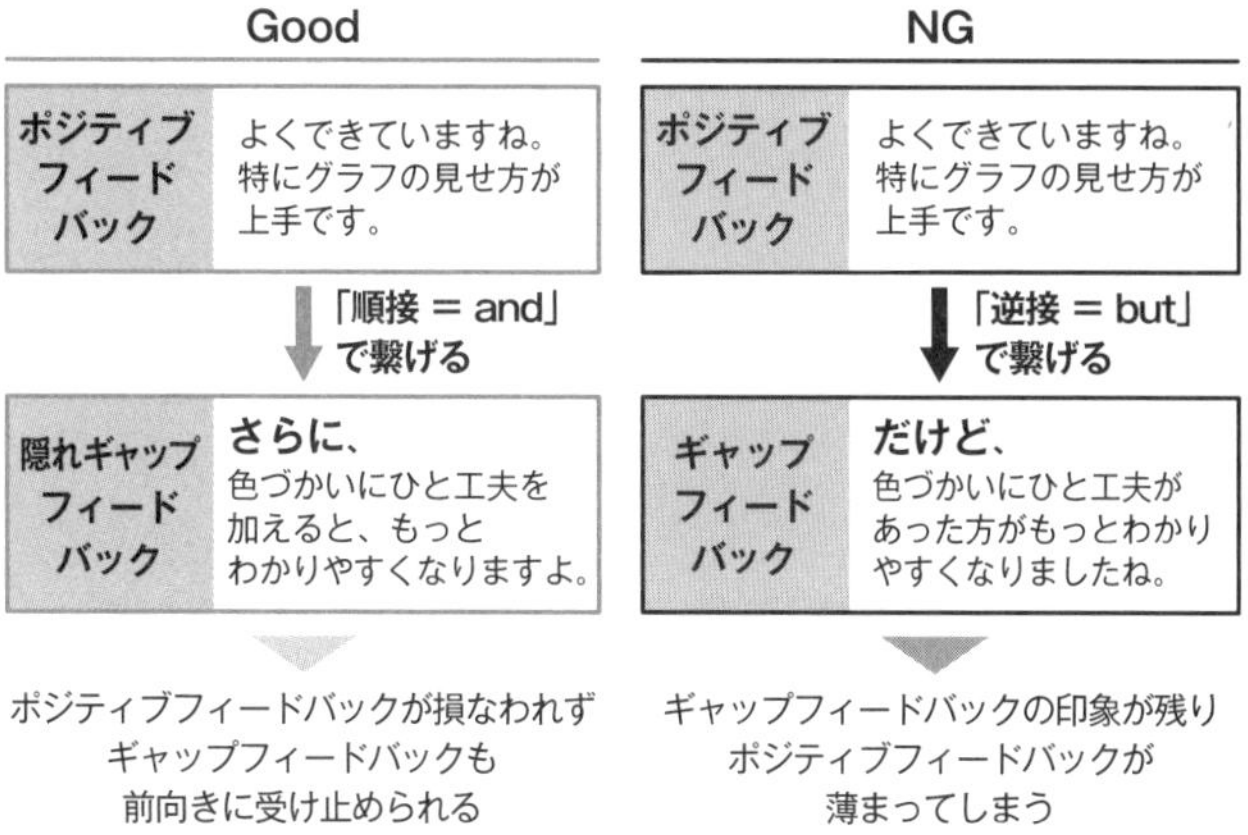
Good
ポジティブフィードバック
よくできていますね。特にグラフの見せ方が上手です。
「順接＝and」で繋げる
隠れギャップフィードバック
さらに、色づかいにひと工夫を加えると、もっとわかりやすくなりますよ。
ポジティブフィードバックが損なわれずギャップフィードバックも前向きに受け止められる
NG
ポジティブフィードバック
よくできていますね。特にグラフの見せ方が上手です。
「逆接＝but」で繋げる
ギャップフィードバック
だけど、色づかいにひと工夫があった方がもっとわかりやすくなりましたね。
ギャップフィードバックの印象が残りポジティブフィードバックが薄まってしまう

⑮ 次のゴールを与える

3つめは、「次のゴールを示す」ことです。ポジティブフィードバックを受けた人は自身の成長を実感し、モチベーションが高まります。そのため、同じタイミングで小さな〝あと一歩〟を指し示すと、さらなる成長に向けた行動が誘発されます。その〝あと一歩〟は〝背伸び〟つまり〝ストレッチ〟することに繋がります。上手にストレッチゴールを与えて、さらなる成長を引き出してあげましょう。

たとえば、部下が作成した営業の提案書がよくできている場合、「よくできていますね。特にグラフの見せ方が上手です」などとほめてから、「色づかいにひと工夫を加えると、もっとわかりやすくなりそうですね」とアドバイスすると、とても効果的です。

実はこうしたアドバイスは、課題や改善す

べき点を指摘しているという意味では「隠れギャップフィードバック」に当たります。けれども、いきなり「グラフの色づかいがいまいちだ」などと否定的に入るのではなく、提案書の出来が及第点以上に達していることを認めたうえで次のゴールを伝えれば、言われた側は「次はもうひと頑張りして、色づかいを工夫してみよう」というふうに前向きに受け入れやすくなります。

図14を見てください。ポイントは前後を「ｂｕｔ」で繋げないこと。「グラフの見せ方がとても上手です。だけど、色づかいが……」というふうに逆接の接続詞を挟んでしまうと、相手の頭の中では、前半に受けたポジティブフィードバックの印象が薄れ、ギャップフィードバックを受けたように感じてしまいます。

基本は「ａｎｄ」で繋げること。「グラフの見せ方がとても上手です。（ここでひと区切りつける。そしてひと呼吸おいてから）さらに、色づかいをこうすると……」というように、ほめるべきところはしっかりほめる。一度話に区切りをつけてから、「ｂｕｔ」による逆接ではなく、「ａｎｄ」的に順接で繋げて次のゴールを示す。やや高度ではありますが、そういう細やかなテクニックが求められます。

また、このテクニックは使い過ぎないように注意してください。毎回使うと、「この人は一言居士《いちげんこじ》（何事にも自分の意見を言わないと気がすまない人）だ」と煙たがられてしまう可能性があります。

⑯ なってほしい姿をイメージして──ピグマリオン効果を念頭に置く

ポジティブフィードバックの「How」には、心理学の効果を応用するテクニックもあります。まずは「ピグマリオン効果」を応用する方法です。

ピグマリオン効果とは、人は他者から期待されるほど成長が加速するという現象を指しており、アメリカの教育心理学者ロバート・ローゼンタールの実験によって報告されました。ローゼンタールがある学校で知能テストを実施して、その結果とは関係なく、無作為に児童を選び、「今後、成績が伸びる子どもたち」として名前を担任教師に伝えたところ、実際にその子たちの成績が平均以上にアップしたのです。教師は、成績が伸びると期待をかけた子どもたちには丁寧に接し、子どもたちも教師から期待されていることを意識するため、この効果が生じると説明されています。

ちなみに、ピグマリオンとはギリシャ神話に出てくるキプロス王の名前です。自分で彫った象牙の乙女像に恋をしたピグマリオンが、像が生きた女性になるように来る日も来る日も神に祈りをささげ続けていたら、その願いがかなえられたという伝説に由来しています。

このピグマリオン効果をポジティブフィードバックに応用するにはどうすればいいのか。成長してほしい相手に「この人ならできる」という期待を持ち続けることが大切です。そして期待通りの行動をしたときに、すかさずほめて、さらなる成長に向けた好循環を生み出すのです。

具体例を挙げましょう。かつてコンカーの管理職Cさんには「部下にあまり関心を持たない」という好ましくない傾向がありました。本人は極めて有能なのですが、他人への興味が希薄なので、部下一人ひとりのモチベーションの揺らぎに鈍感なのです。部下たちに寄り添おうとする姿勢も明らかに不足していました。

人のモチベーションを大切にする私とは価値観が大きく異なったため、正直に言うとCさんの部下に対する姿勢には、苛立ちを感じてしまうこともありました。「Cさんは人に興味がないから仕方ない」とあきらめてしまうのは簡単でした。しかしほかの仕事は高いレベルでこなすCさんのことだから、あきらめずに期待を持って接し続ければきっと成長し、部下に関心を向けてくれるようになると期待することにしたのです。

「人に対して関心が希薄」という自身の特徴はCさんも自覚しており、本人も改善し成長したいとのことだったので時間がかかったとしても辛抱強く成長をサポートしようと決意しました。

私は事あるごとにCさんに対し、「人に関心を持たないのは、管理職としてのあなたの要改善点です。そこを直せば、パーフェクトな管理職に近づいていきますよ」「人に関心がないとしても、職務として関心を持つよう強く意識してみてはいかがですか？　あなたは優秀なのできっとできると思います」などと、「きっと成長してくれる」という期待を持ち続けながらギャップフィードバックを繰り返していました。

すると、CさんはCさんなりにピープルマネジメントに興味を覚え始めたらしく、ある時期から関連の書籍を読み出しただけでなく、「人の成長」をテーマにチームで合宿を開催するなど、行動に変化が見られるようになりました。

その話を耳にしたとき、私はすぐにCさんに「自身の課題を克服しつつありますね」と期待を込めたポジティブフィードバックを伝えました。そのひと言がさらに効いたようで、彼はチーム内でピープルマネジメントの施策を次々に打ち出すようになり、部下に寄り添うタイプの管理職に成長してくれたのです。もしも「Cさんは人に関心がないから、言っても無駄」と思ってあきらめてしまっていたら、彼のこの成長はなかったと思います。

残念ながらCさんはコンカーを退職してしまいましたが、彼との2人きりでの送別会では「自分はコンカーで本当に成長できました。三村さんからフィードバックがあったからです」と深い感謝の念を示してくれました。今頃次の会社で「部下に寄り添う管理職」として大いに活躍してくれていることでしょう。

こうしたピグマリオン効果の逆、つまり期待されないことで成長が鈍ってしまう現象もあって、これをローゼンタールは「ゴーレム効果」と名づけています。

ゴーレムとは、ユダヤ民族の伝承に出てくる泥人形のことです。ドラゴンクエストに登場するキャラクターとしてお馴染みの方も多いのではないでしょうか。他者から「この人はどうせできない人だから」と期待をかけられない人材は、泥人形のように生気を失い能力を発揮できなくなる現象をローゼンタールはこうした伝承にたとえたのです。

たとえば、上司が部下に対して「彼はいつも失敗ばかりしている」といった否定的な先入観を持っていると、その部下の細かい失敗ばかりがますます目について、長所や成果に目が向けられなくなります。その結果、「この人はやっぱりダメだな」とか、「だから言ったじゃないか」といった小言が増えて、部下はますます自信ややる気を喪失する。特にパワハラ気質の上司がいる企業では、こうしたゴーレム効果の悪循環に陥っている上司と社員が多く見られるのではないでしょうか。

人は期待されていれば自ら理想に近づこうとし、期待されていなければ自ら理想から遠ざかっていきやすいものです。そのカギを握っているのが、相手の可能性を信じ、そしてしっかりと言葉にしてポジティブフィードバックをし続けてあげることなのです。

⑰ 第三者を活用して――ウィンザー効果を使いこなす

締めくくりにもうひとつ、心理学の効果を応用したテクニックを紹介しておきましょう。それは「ウィンザー効果」を応用するポジティブフィードバックです。

ウィンザー効果とは、利害関係のない第三者が発信した情報は信頼されやすいという心理的傾向を指します。米国生まれの作家アーリーン・ロマノネスの自伝的小説『伯爵夫人はスパイ』の中に出てくる「第三者のほめ言葉がどんなときにも一番効果があるのよ」というウィンザー公爵夫人のセリフに由来すると言われています。

このウィンザー効果は、インターネット上の口コミなどを通じて不特定多数の人に商品やサービスの情報を拡散する、いわゆるバイラルマーケティングで活用されています。

皆さんの中にも、通販サイトやグルメサイトを利用するとき、ユーザーのコメントや評価を参考にしている人は多くおられることでしょう。それは、メーカーや飲食店が自ら発信した宣伝文句よりも、実際に商品を購入したり店を利用したりした第三者の口コミの方が信頼できるように感じられるためで、こうした心理作用がウィンザー効果にほかなりません。

では、ウィンザー効果をポジティブフィードバックに応用するためにはどうすればいいのか？　考えられるのは以下のようなケースです。

上司Aさん（伝え手）が、最近、目覚ましい成果を出している部下のBさん（受け手）にポジティブフィードバックをしたいと考えているとしましょう。もちろん、Aさん（伝え手）がBさん（受け手）と会って直接ほめるのがオーソドックスなやり方ですが、もうひとつのやり方があります。第三者であるCさんを介してBさん（受け手）をほめるやり方、これがウィンザー効果を応用したポジティブフィードバックです。

「先日、営業同行してBさんのプレゼンを見たんだけど、内容の完成度が高くてびっくりした。Bさん、頑張っているね」。そんなふうにAさん（伝え手）がCさん（第三者）に伝えれば、Cさん（第三者）はBさん（受け手）と会ったときに「このあいだ君の上司のAさんがすごくほめていたよ。頑張っているらしいね」と伝えてくれるでしょう。

その場合、Bさん（受け手）の喜びは、Aさん（伝え手）に直接ほめられたときより大きくなる可能性があります。なぜなら、Cさん（第三者）が伝えたのは「AさんがBさんをほめていた」という中立的なコメントであり、そこには、〝おだて〟や〝おべっか〟の要素が存在しないからです。その分、Bさん（受け手）にとっては、内容を信頼でき、素直に受け止められるのです。

また、Bさん（受け手）の中では「Aさん（伝え手）はCさん（第三者）以外の人にも私のよい評価を伝えてくれているかもしれない。いろんな人が自分のよい評判を聞いているかもしれない」という前向きな想像が働きます。つまりポジティブフィードバックの効果が増幅されうるのです。

私自身もこのウィンザー効果を応用したポジティブフィードバックをよく使うようにしています。たとえば営業同行した場合、一緒に行った社員が提案の準備を周到にしていたり、お客様への対応の仕方がしっかりできていたりした場合には、帰路に本人にポジティブフィードバックをするだけでなく、別の機会に、本人の上司や同僚など、本人と接点がありそうな人に対しても、「このあいだ、〇〇さんと一緒に営業に行きましたけど、すごく成長していましたよ」などとさりげなく伝えておくのです。

後日、その人が本人に実際に伝えてくれるかどうかはわかりません。でももしその人が「(社長である)三村さんがほめていましたよ」と私のポジティブフィードバックを本人に伝えてくれたら、本人の喜びもひとしおでしょう。

組織内の会話はとかく、他人の陰口、悪口、噂話になりやすいもので、そうした会話が充満している職場の空気はどんどん淀んでいきます。しかし、誰かの前で別の誰かのいいところをほめている、そんな職場では話している本人はもちろん、聞いている方もすがすがしい気持ちになり、組織の空気が澄んでいく気がします。これは、ウィンザー効果を応用したポジティブフィードバックの副産物と言えるでしょう。

ポジティブフィードバックのコツを逆から考える

ここまでポジティブフィードバックのコツを見てきました。より理解を深めるためにコツを逆から考えてみましょう。ポジティブフィードバックが苦手な方は、図15「『ポジティブフィードバックの5W1H』裏フレームワーク」を参照しながら、「コツの逆」に陥っていないか、振り返ってみてください。

図15 「ポジティブフィードバックの5W1H」裏フレームワーク

Why = マインド

1 相手の成長に興味がない
ポジティブフィードバックの動機が存在しない

2 相手に関心を持たない
ポジティブフィードバックのしどころに気づけない

3 気恥ずかしい
伝えたくても躊躇してしまう

When

4 時間が経ってから
効果が薄まる

5 溜めてから
フィードバックする機会を逸する

Where

9 メールや文書は避ける
対面にこだわる必要はない

10 他者の前は避ける
ギャップフィードバックと異なり避ける必要なし

How

13 できて当たり前と思う
できない人が自信を持つ機会を失う

14 思ってもないことをほめる
おだては見抜かれるし、時には信用を失うリスクも

15 次のゴールを与えない
小さなギャップフィードバックの機会を逸する

16 できない姿をイメージしてしまう
ゴーレム効果で相手がダメになる

17 第三者を活用しない
ウィンザー効果を得られない

Who

6 遠慮して上司にはしない
上司との“フィードバック濃度”が高まらない

7 他人と比較して
嬉しさ半減か悪くするとマイナス効果

8 過去と比較しない
成長を実感できない

What

11 抽象的に
沁みないうわべのおだてに聞こえる

12 プロセスは無視
結果だけでは再現性が高まらない失敗から学べない

セルフチェック2：ポジティブフィードバックのセルフチェック

図16（P98）を見ながら、読者の皆さんがポジティブフィードバックのコツをできているか、それとも「コツの逆」になってしまっていないか、「Right」のチェックしてください。全17個中、何個できていますか。

□上級者：14個以上　□中上級者：10個以上　□中初級者：6個以上　□初級者：5個以下

これによりポジティブフィードバックの強みと弱みを理解することができます。今後は特に今回チェックのつかなかった弱みを意識してポジティブフィードバックを行うとよいでしょう。

図16 ポジティブフィードバッカー診断

	Right ／17	Wrong ／17
Why = マインド	□**相手の成長を願う** すべての源泉	□**相手の成長に興味がない** ポジティブフィードバックの動機が存在しない
	□**相手に関心を持つ** 関心を持てば気づける	□**相手に関心を持たない** ポジティブフィードバックのしどころに気づけない
	□**気恥ずかしさを捨てる** 慣れてしまえば習慣化できる	□**気恥ずかしい** 伝えたくても躊躇してしまう
When	□**リアルタイムに** 早ければ早いほど効果が高まる	□**時間が経ってから** 効果が薄まる
	□**こまめに** 気づいたらすぐ、軽く、カジュアルに	□**溜めてから** フィードバックする機会を逸する
Who	□**上司にも、誰にでも** 上司もポジティブフィードバックは嬉しいし成長の糧になる	□**遠慮して上司にはしない** 上司との"フィードバック"濃度が高まらない
	□**他人と比較しない** 相手の今までとの比較はOK	□**他人と比較して** 嬉しさ半減か悪くするとマイナス効果
	□**過去と比較する** 成長を実感できる	□**過去と比較しない** 成長を実感できない
Where	□**メールや文書でも** あとでじんわりと沁みる効果も	□**メールや文書は避ける** 対面にこだわる必要はない
	□**他者の前でも** ミーティングやCC付きのメールで	□**他者の前は避ける** ギャップフィードバックと異なり避ける必要なし
What	□**具体的に** 「すごくよかった」ではなく 「何がどうすごくよかったのか」	□**抽象的に** 沁みない、うわべのおだてに聞こえる
	□**結果だけでなくプロセスも** 再現性が高まる 失敗からも学びを得られる	□**プロセスは無視** 結果だけでは再現性が高まらない 失敗から学べない
How	□**できて当たり前と思わない** 人によって基準を変える 進歩や努力があれば称える	□**できて当たり前と思う** できない人が自信を持つ機会を失う
	□**心からほめる** おだては見抜かれるし、時には信用を失うリスクも	□**思ってもいないことをほめる** おだては見抜かれるし、時には信用を失うリスクも
	□**次のゴールを与える** 小さな"あと一歩"は受け入れられる	□**次のゴールを与えない** 小さなギャップフィードバックの機会を逸する
	□**なってほしい姿をイメージして** ピグマリオン効果でほめて伸ばす	□**なってほしい姿をイメージしない** ピグマリオン効果を得られない
	□**第三者を活用して** ウィンザー効果で信ぴょう性を高める	□**第三者を活用しない** ウィンザー効果を得られない

ポジティブフィードバックのコーチャビリティ

意外に思われるかもしれませんが、ポジティブフィードバックにもコーチャビリティの高い人と低い人がいます。

ポジティブフィードバックを受けた時に、何だか照れ臭くて「いえ、そんなことないです」とか「いえ、まだまだです」と謙遜した覚えはありませんか。これが謙遜の範囲内であればよいのですが、度を越えて拒絶したかのような反応をしてしまうのは、せっかくポジティブフィードバックをしてくれた相手に対して失礼ですし、自分の気づいていない強みを認識する機会を見過ごすことにもなりかねません。

ここからはポジティブフィードバックのコーチャビリティが低い人、つまりほめられるのが苦手な人を2つのタイプから整理します。

性格の特徴：謙虚すぎる人

謙虚すぎる人がポジティブフィードバックを受けた時、どうしても「恥ずかしい」とか「照れ臭い」などと思ってしまいます。謙虚さは美徳です。しかし軽い謙遜であればよいですが、「決してそんなことはありませんよ」などと強めに否定してしまうのはやりすぎです。

照れて否定したくなる気持ちをぐっとこらえて、まずはポジティブフィードバックをしてくれたことに対する感謝の気持ちを伝えましょう。

ここでひとつテクニックです。もしほめられた点が、何かしら相手のおかげであった場合には、「あなたのおかげです」とひと言添えてみてください。ほめられて照れる気持ちがやわらぐはずです。

そして、それでも照れ臭さが収まらなければ、もうひとつのテクニックです。逆に相手のよいところを見つけてほめ返してみてください。ポジティブフィードバックをお返しするのです。

〈悪い例〉

伝え手：「Aさんは仕事が早いだけでなく、いつもひと工夫を加えてくるところが素晴らしいと思いますよ」

受け手：（恥ずかしさのあまり）「いえ、そんなことありません。みなやっていることじゃないですか」

伝え手：（内心で）「本音で感心したから伝えたのに、そんなに否定することないよな。この人にはポジティブフィードバックするのは、もうやめた方がよいかも……」

〈よい例〉

伝え手：「Aさんは仕事が早いだけでなく、いつもひと工夫を加えてくるところが素晴らしいと思いますよ」

受け手：（恥ずかしいけど、ぐっとこらえて）「ありがとうございます。そう言っていただけると、自信になります！」（ひと工夫加えるとこんなにほめられるのか……。今後もできる限り工夫するように心がけよう！）

伝え手：「これからも期待してますね！」

受け手：（でもほめられてしまって気恥ずかしい。なんだか居心地が悪いな……）「お伝えできていませんでしたが、よい機会なのでポジティブフィードバックさせてください。Bさん（伝え手）のプレゼンは論理的だし、結論も明確でいつも参考にさせてもらっています！（〝あなたのお陰です〟テクニックと逆ポジティブフィードバックのテクニックが両方共使われている）」

伝え手：「そうですか、ありがとうございます！」

性格の特徴：自己肯定感が低い人（**なので疑ってしまう**）

自己肯定感が低い人がポジティブフィードバックを受けた場合、「自分がそれに値する人間なのか」という価値観が横たわっているため、ついつい「本心なのか」とか「おだてようとしているのではないか」などと疑ってしまいます。このため、つい謙遜を超えて「そんなことないです」と強く否定してしまいがちです。

しかし本音でポジティブフィードバックをしている相手に、「おだてようとしている」と疑ってしまうのは、相手に対して失礼だということをよく理解するべきです。

自己肯定感の低い人は、「ついおだてじゃないかと相手を疑ってしまう」という自分の思考の癖を理解しておくようにしましょう。そして「素直に受け入れることが相手に対するリスペクト」だと考え、疑いたくなる気持ちを克服するように努め、素直に感謝を伝えられるようになってください。

また自己肯定感の低い人の類型として、承認欲求が強い人も注意が必要です。ほめられれば承認欲求が満たされて嬉しく思うものの、もっとほめ言葉を重ねてほしくて、「そんなことないです」と返してしまいがちです。謙虚に否定していると見せかけて、実際はほめ言葉の〝おねだり〟をしているような状況です。多少であれば相手も「いえいえ、だって○○じゃないですか」と付き合ってくれますが、あまりやりすぎると「面倒くさい人」と思われかねません。相手に引かれる前に「ありがとうございます」と素直に受け止めるようにしましょう。

第 3 章

ギャップフィードバックをマスターする

01

ギャップフィードバックには「軽め」と「重め」の2種類がある

「軽め」と「重め」のギャップフィードバックの違い

ここからは、相手の課題や弱点を伝えるギャップフィードバックについて考えていきます。

ギャップフィードバックを実践するシーンについて、皆さんはどのようなイメージをお持ちでしょうか？　おそらく、事前に準備をしたうえで時間を確保し、できれば場所も変えて、相手の目を見ながら真剣にやるものだと思っている人が多いのではないでしょうか。

けれども、私たちはそんなふうに一律にはとらえていません。ギャップフィードバックを「軽め」と「重め」の2つに分け、「軽め」のものを「気づきのギャップフィードバック」、「重め」のものを「改善要求のギャップフィードバック」と呼んで、それぞれ異なる技法で実践しています（図17）。

図17　ギャップフィードバックの種類

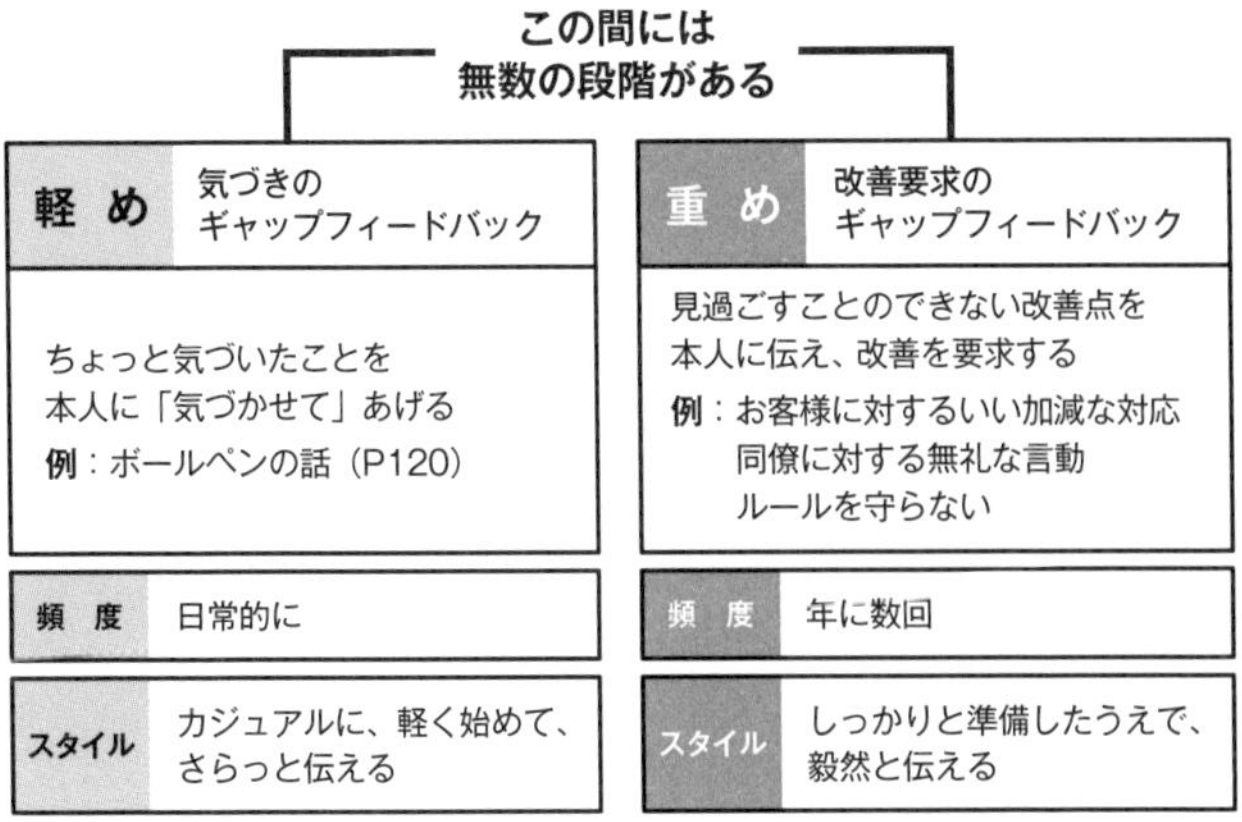

この間には無数の段階がある

軽め	気づきのギャップフィードバック	重め	改善要求のギャップフィードバック
ちょっと気づいたことを本人に「気づかせて」あげる 例：ボールペンの話（P120）		見過ごすことのできない改善点を本人に伝え、改善を要求する 例：お客様に対するいい加減な対応 　　同僚に対する無礼な言動 　　ルールを守らない	
頻度	日常的に	**頻度**	年に数回
スタイル	カジュアルに、軽く始めて、さらっと伝える	**スタイル**	しっかりと準備したうえで、毅然と伝える

「軽め」＝気づきのギャップフィードバック

気づき（軽め）のギャップフィードバックは、相手が気づいていない問題を教えてあげることによって、自主的な改善を狙うものです。後述する私自身のボールペンのエピソードはこの気づき（軽め）のギャップフィードバックの典型例です。これは相手の要改善点に気がついたらタイムリーかつ頻繁に行い、またフィードバックする方もされる方も重く考えず、気軽に実施するべきものです。

「重め」＝改善要求のギャップフィードバック

改善要求（重め）のギャップフィードバックは、見過ごすことのできない重大な問題や課題を本人に伝え、改善を求めるフィードバックです。たとえば、顧客へのいい加減な対応、同僚に対する無礼な振る舞い、組織内のルール無視、そういった重大な問題行動が見られる人にそのことを伝え、行動を改めてもらうケースがこれに当たります。

ギャップフィードバックのほとんどは、頻繁かつカジュアルに行われるべき「気づきのギャップフィードバック」が占めます。一方で、「改善要求のギャップフィードバック」はそう頻繁にあるものではなく、私の場合は年に数回に限られます。ただしここ一番では避けられないフィードバックです。相手の反発も予想されますので対話の進め方をシミュレーションしておくなど、しっかりと準備を整えて毅然とした態度で臨みます。

ギャップフィードバックは状況によって、非常に「軽め」のものから非常に「重め」のものまで、無数のグラデーションがあります。課題の緊急性や深刻度、相手との関係性、相手のコーチャビリティなどを見極めながら、これら2つのアプローチを適宜組み合わせるようにしてください。

ギャップフィードバックの進め方の全体像

これら2種類のギャップフィードバックの違いを踏まえて、実際にフィードバックをどのように進めるのかを考えていきます。

図18 ギャップフィードバックの進め方の全体像

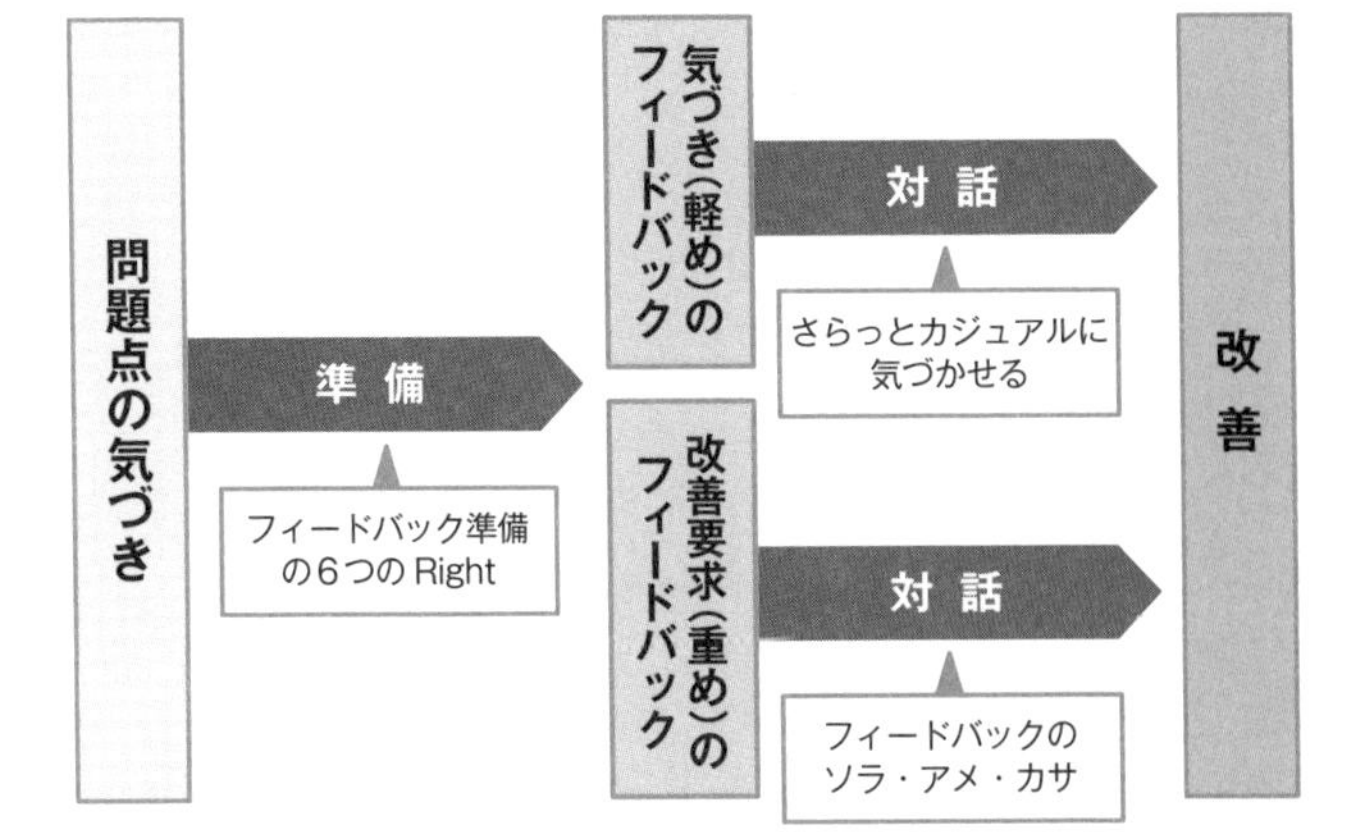

まずは全体像です。ギャップフィードバックは大きく、**「準備」**と**「対話」**の2つのステップに分けられます。

準備

フィードバックがうまくいくかどうかは、対話を始める前に正しく準備することが大切です。これは軽め、重め、どちらのフィードバックにも共通しています。具体的な内容は**「フィードバック準備の6つのRight（ライト）」**というフレームワークを使って次の02で詳しく説明します。

気づき（軽め）のギャップフィードバックにおける対話

正しい準備が整っていれば、気づきのギャップフィードバックにおける対話はそれほど難しくありません。「3．気づき（軽め）のフィードバックのコツ」で簡潔に進め方を説明します。

改善要求（重め）のギャップフィードバックにおける対話

一方、改善要求のフィードバックは、相手にとっても重く受け止められ、言い訳や反発なども予想されるため慎重に進める必要があります。この進め方を「フィードバックのソラ・アメ・カサ」というフレームワークを使って「4．改善要求（重め）のフィードバックのコツ」で深堀りして説明します。

02 フィードバックに必要な準備「6つのRight」

フレームワークで理解する「6つのRight」

ギャップフィードバックを実施する前に満たすべき条件について説明します。準備に必要な6つの条件を総称して私は「フィードバック準備の6つのRight（ライト）」と呼んでいます。これらは重め、軽め、どちらにも当てはまると考えながら読み進めてください。

① Right Occasion（適切な機会に）

人は大きな出来事の直後に心がオープンになります。営業部門なら勝負の顧客訪問やプレゼン、間接部門なら新システムの稼働や新しい施策の発表、そういった大イベントを切り抜けた後は、「頑張りを認めてほしい」という気持ちが湧き上がるとともに、「もっとう

図19　フィードバック準備の「6つのRight（ライト）」

準備がフィードバックの成否に大きく影響する		
Right Occasion ー適切な機会にー プレゼンや顧客訪問の すぐ後など正しい機会に	Right Environment ー適切な環境でー 他人のいる場所や メール等は避ける	Right Tone ー適切なトーンでー 失敗に対しても、 叱責ではなく、 温かく、敬意を持って
Right Atmosphere ー適切な雰囲気でー 日常的に **ポジティブ9：ギャップ1** の比率で“FBの濃度” を上げておく	Right Relationship ー適切な関係性でー 普段から信頼し尊敬し 合える関係を築いておく	Right Motivation ー適切な動機でー 相手の成長を 心から願って

まくやる方法があれば知りたい」という成長への欲求も強まります。

だから、そのようなタイミングを見計らって、間を置かずに相手の頑張りを認め、しっかりとポジティブフィードバックをしたうえで、併せてギャップフィードバックを実行すれば、相手は受け入れやすくなります。

② Right Environment（適切な環境で）

図20は、縦軸を「口頭かメールか」、横軸を「1対1か他者の前か」とし、この4象限でギャップフィードバックの効果がそれぞれどう表れるのかを示したものです。

右上の象限：1対1で（OK）、口頭で（OK）

ギャップフィードバックでは、「**1対1かつ口頭**」で実施するのが鉄則です。これは重

図20　ギャップフィードバックのRight Environment

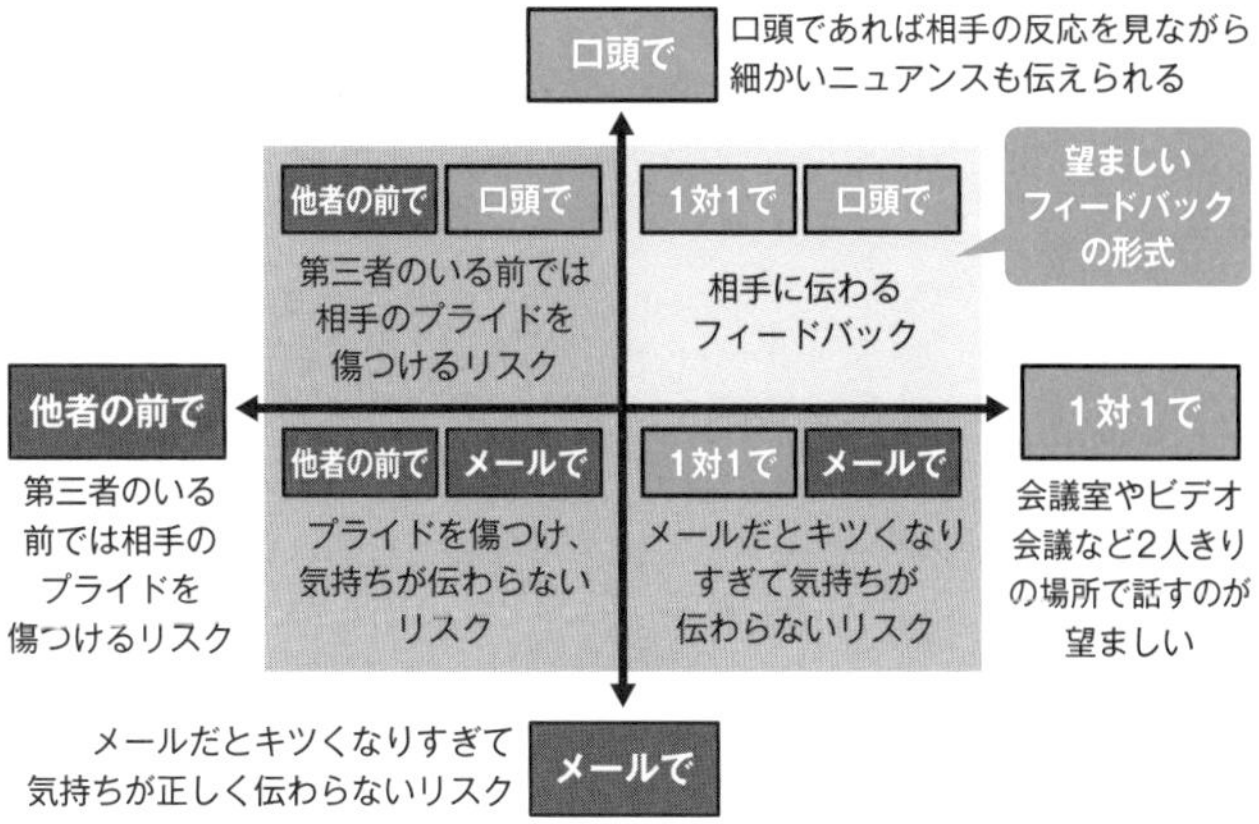

めも軽めも関係ありません。

「口頭」で伝える。つまりメールやチャットツールで一方的に伝えるのではなく「対話」するということです。文字によるフィードバックは伝え手の思惑以上に、言葉が持つ刃が鋭くなりがちです。対話であれば相手の表情を見ながらトーンを調整できますし、また一方的な決めつけにならず、相手の言い分や事情を汲み取ることができます。文字ではインタラクティブ性が損なわれるので、決めつけのトーンになってしまいがちです。

リモートワーク環境下では、直接会わずとも画面越しでの対話になりますが、これも「口頭」になるので大丈夫です。ただしビデオは必ずONにするようにしてください。

「1対1」で伝える。これは相手のプライドに配慮し、他者がいない場でフィードバックするということです。ギャップフィードバックは重くても軽くても、その場にいる他人に聞かれることで受け手のプライドは傷ついてしまいます。第三者のいる場は絶対に避けて、必ず「1対1」の場で実施してください。

左上の象限：他者の前で（NG）、口頭で（OK）

これは、口頭なのはOKなのですが、他者の前がNGです。このやり方では相手のプライドを傷つけてしまうリスクがあるので、よくありません。

しかし現実には、このやり方で部下にギャップフィードバックをしている管理職を多く見かけます。正直に言えば、私も管理職として経験の浅い頃、やってしまったことがありました。なぜかというと、その方が一見効率がいいように思えるからです。

たとえば、上司が部下Aさんにギャップフィードバックをしようと考えているとき、その内容は部下Bさんと部下Cさんにも共通した問題なので、Bさん、Cさんにとっても参考になるはずだ、と考えることがあります。そのような場合に上司は、Aさんにギャップフィードバックしている様子をBさんやCさんにも見せて、全員をいっぺんに教育したいという衝動に駆られます。そうすれば効率がいいように思えるからです。

ところが、このやり方だと、Aさんは、第三者（BさんとCさん）の目の前で恥をかかされたと感じかねず、そうするとギャップフィードバックの内容がAさんの頭に入りにくくなりますし、プライドを傷つけられたと感じたAさんは上司に対してネガティブな感情が芽生えてしまうかもしれません。

そして、ともすればBさんとCさんから見ても「またうちの上司は人前で吊るし上げをやってるよ」と、フィードバックをしている管理職の配慮のなさを嘆き、これが繰り返されるようだと部下からの人望を失いかねません。

だから本来は、Aさんに「ちょっと場所を変えましょう」と声をかけ、会議室などに移動するべきなのです。しかし、ただでさえ忙しい管理職はついつい効率を優先して（実際には非効率なのですが）、移動することをおろそかにし、ほかの部下がいる前でギャップフィードバックをしてしまいがちです。これは管理職としての手抜きでありサボりであると、私は思っています。

右下の象限：１対１で（OK）、メールで（NG）

これは、１対１なのはOKなのですが、メールを使うのがNGです。このやり方もよくありません。というのも、メールの文章でギャップフィードバックすると表現がキツくなりやすく、成長してほしいというこちら側のマインドが伝わりにくいからです。

また、ギャップフィードバックを伝える際、多くの場合、相手にも言い分があり、こちらが知らない事情を抱えていたりもします。そのため、お互いに面と向かって対話し、相手の言い分や釈明にも耳を傾けるべきなのですが、メールを一方的に送りつけてしまうと、そういうやり取りが発生しづらくなります。

左下の象限：他者の前で（NG）、メールで（NG）

そして最悪なのが左下、「他者の前で、メールで」というやり方です。これはつまり、CCの付いたメール、あるいは当事者以外の人が参加しているチャットグループなどでギャップフィードバックをするケースです。〝公開リンチ〟に近い所業と言えるでしょう。受け手のプライドは著しく傷つき、しかも文章からは伝え手のマインドも伝わりにくいため、絶対に避けるべきです。

特に最近、注意しなければならないのがチャットグループでのギャップフィードバックです。上司はその場で問題を指摘できるので手っ取り早いし、場合によっては相手のミスでイライラしている時には第三者にも指摘を見せつけることで、スッキリしていたりします。ここで指摘を受けた当事者はたまったものではありません。前向きにフィードバックを受け止めるどころか、人によっては上司に対して恨みにも近い感情を持ちかねないでしょう。

③ Right Tone（適切なトーンで）

ビジネス上の失敗は、本人のミスや間違いによって生じます。しかし、改善を求める側が失敗に対して苛立ちや怒りの感情を抱いていると、フィードバックをするつもりが叱責になってしまい、言いたいことが本人に伝わりづらくなります。

ギャップフィードバックは、それがいくら相手の単純ミスや不注意によるものであっても、イライラした気持ちをぐっと抑え、温かいトーンで、敬意を払いつつ伝えることが大切です。お互い仕事を離れれば、大人と大人、人と人であることを忘れないようにしてください。

④ Right Atmosphere（適切な雰囲気で）

日常的にフィードバックし合う間柄にない人から、ある日突然ギャップフィードバックされると、軽めのフィードバックであっても場合によっては受けた側は面食らいます。ギャップフィードバックを効かせるためには、普段からポジティブフィードバックを積極的に行っておく必要があります。ポジティブ9：ギャップ1ぐらいの比率で「フィードバックの濃度」を高め、適切な雰囲気をつくっておくことを忘れないでください。

ちなみにこの考え方はかなり昔に読んだ何かの記事かブログがヒントになっています。その内容はややうろ覚えですが、「よい結婚生活を送るコツは、普段から、よいことも悪いことも気兼ねなく何でも言い合える間柄であることです。ほめるところはほめる。でも問題点は抱え込まずに2人でしっかりと話し合う。ただ問題点の指摘ばかりではお互いに疲れてしまうので、普段、言葉に出してほめたり、感謝の気持ちもしっかりと伝えたりして、ここぞという時に問題点を伝えられるように心の距離感を縮めておきましょう」というものでした。全般的に言えることですが、フィードバックのスキルはビジネスシーンだけではなく、夫婦間、親子間、友人間でもきっと役に立つはずです。

⑤ Right Relationship（適切な関係性で）

ギャップフィードバックがよく効くかどうかは、伝え手・受け手双方の関係性に左右されます。職場内の上司・部下・同僚とは、日頃から信頼し尊敬し合える関係性を築いておくことが大切です。

たとえフィードバックの内容が正しくても、「あなたからは言われたくないよ」とか「あなたがそれ言えますか」と思われてしまうようでは、相手に伝わりません。本来は、受け手は「Ｗｈｏ＝誰が言ったのか」と「Ｗｈａｔ＝何を言ったのか」を切り分けて考えるべきであり、誰が言おうと内容に筋が通っていれば受け入れるべきなのですが、多くの人にとっては感情が邪魔をして切り分けることが難しいのです。

理想的なのは「この人は自分の味方だ」と感じてもらえるような関係性です。人の関係性を敵と味方の二元論に分けるべきではありませんが、濃淡はあれど無意識のうちに「この人は敵」「この人は味方」という感覚はあるものです。そうした中で、味方と思える人からのフィードバックであれば「私のために苦言を呈してくれているのだろう」という気持ちになり、耳の痛いフィードバックであっても親身な気持ちから発せられたものとして受け止められやすくなります。

さらに一歩踏み込んで、ギャップフィードバックを始める際に、「私はあなたの味方なんです。だからこそお伝えしたいことがあるんです」と言葉で明示的に伝えてしまうのもよいかもしれません。ただし心からそのように思い本音で言うことが大前提です。薄っぺらな言葉だけでは見抜かれて信頼を失ってしまいかねないので、そこは注意してください。

⑥ Right Motivation（適切な動機で）

最後は、すでに何度もお話しした通り、フィードバックの原点である「マインド」です。相手を追い込んだりやっつけたりしようとするのではなく、心から成長を願う適切なモチベーションで実践してください。この「適切な動機」が充足されていないと、ほかの5つの準備がいかに充足されていようとも、フィードバックは成り立ちません。

大切なことなので何度でも繰り返します。「相手の成長を願う気持ち」こそ、フィードバックの原点なのです。

以上がギャップフィードバックの「6つのRight」です。フィードバックを成功させるために、これら6つの条件が十分に満たされるよう普段から意識しておくとよいでしょう。

セルフチェック3：6つのRight

図21は、ギャップフィードバックをする際の「6つのRight」を整理したものです。あなたはどの程度の準備をしたうえでフィードバックをしていますか。それぞれの欄にある「ナシ（0点）」「時々（1点）」「常に（2点）」にチェックを入れ、合計してみてください。

7〜9点ならば中級者、10〜12点ならば上級者の域に達しています。自分はどれができていないかを把握し、今後のフィードバックの実践に向けて意識するようにしてください。

図 21　該当する点数にチェックを入れてください

合計点	

Right Occasion
ー適切な機会にー

プレゼンや顧客訪問のすぐ後など正しい機会に

ナシ(0点)	時々(1点)	常に(2点)

Right Environment
ー適切な環境でー

他人のいる場所やメール等は避ける

ナシ(0点)	時々(1点)	常に(2点)

Right Tone
ー適切なトーンでー

失敗に対しても、叱責ではなく、温かく、敬意を持って

ナシ(0点)	時々(1点)	常に(2点)

Right Atmosphere
ー適切な雰囲気でー

日常的に**ポジティブ9：ギャップ1**の比率で“FBの濃度”を上げておく

ナシ(0点)	時々(1点)	常に(2点)

Right Relationship
ー適切な関係性でー

普段から信頼し尊敬し合える関係を築いておく

ナシ(0点)	時々(1点)	常に(2点)

Right Motivation
ー適切な動機でー

相手の成長を心から願って

ナシ(0点)	時々(1点)	常に(2点)

03 気づき（軽め）のフィードバックのコツ

ここからは気づき（軽め）のギャップフィードバック、改善要求（重め）のギャップフィードバック、それぞれの対話の進め方を見ていきましょう。

入社3カ月の社員がくれた、気づきのギャップフィードバック

まずは気づき（軽め）のギャップフィードバックはどのように対話すればよいのか、私自身がフィードバックを受けたエピソードから考えていきましょう。

コンカーでは社長である私自身に対して、直属の部下からだけでなく、一般社員からのフィードバックを受けることが多々あります。中でも特に印象に残っているのは、入社後3カ月の社員が営業同行の後、私に伝えてくれたギャップフィードバックです。

その日は先方の役員と会って提案をし、「なかなかいい説明ができた」と私なりに満足して帰路につきました。すると、駅のホームで電車を待っているときに、その社員が「三

村さん、ひとつフィードバックしていいですか」と言うのです。私は「はい、もちろんお願いします」と言いました。

「今日、資料の説明をするときに、ボールペンの先をお客様の方に向けて話されていました。あれは人によっては失礼だと感じる人もおられるかもしれません」

お恥ずかしい話ですけれども、私はペン先を相手に向けて話していることにまったく気づいておらず、ましてや、そういう所作は好ましくないというビジネスマナーも知りませんでした。

率直にフィードバックをしてくれた彼に対して、まったく悪い気はしませんでした。「あ、そうなんですね！」とひと言発し、その瞬間、小さな学びとはいえ、彼のおかげで私は一歩成長できました。また入社間もなく気おくれしがちな状況で、フィードバックしてくれた彼には、「私の成長を願う気持ち」があるからこそ勇気を出して言ってくれたんだと思うと、深い感謝の念が湧いてくるのを実感したのです。

フィードバックというと改善要求の重めのギャップフィードバックをイメージする方が多いと思いますが、このようにごく軽い気づきのフィードバックをカジュアルに行うだけでも、大きな効果が得られるのです。

このボールペンのエピソードを例に説明を進めましょう。日々の業務に従事しているし、一緒に働いている人の課題や改善すべき点にしばしば気づきます。その気づきを抱え込まないで相手に建設的にフィードバックすれば、本人の成長に繋がるだけでなく、双方の間に前向きな信頼関係が生まれます。「話し相手にはペン先を向けない方がいいですよ」と指摘してくれた社員と私の間に起きたことはまさにそうでした。

しかし、あのとき彼が気づきを抱え込んだまま、私にフィードバックしていなかったらどうなっていたか。私はせっかくの成長の機会を逃して、マナー違反を無意識に続けていたに違いありません。もしかしたら顧客訪問に同行する度に、彼の目の前で何度も繰り返していたかもしれません。その場合、彼は私を信頼するどころか、「またやっているよ、常識のない人だ」と不満を募らせる一方でしょう。その結果、飲み会の席などで同僚に対して「うちの社長って、常識がないんだよね」とこぼすようになり、悪口や陰口で組織の空気が淀む原因にもなりかねません。

このように、たった一度のささいなフィードバックであっても、伝えるのと伝えないのとでは、大きな違いがあります。

読者の皆さんはぜひ、建設的なフィードバックを実践したり受けたりする習慣をつけて、周囲の人たちとの前向きな信頼関係を築いてください。

気づき（軽め）のフィードバックはあくまでさらっと

気づきのギャップフィードバックとは、相手の行動に気になる点があったら、それを伝え、相手に気づかせてあげるフィードバックです。そのコツは極めてシンプルです。その名の通りさらっと「気づかせて」あげればよいのです。

気づきのフィードバックを伝えなければならない内容というのは、相手も自分にその問題があることを薄々感じていることも多いでしょう。だからこそ他者からさらっと言われるだけでも、「あ、やっぱり、周りの人も問題だと思っているんだ！」と気づいて反省し、改善に繋がっていくものです。

ボールペンのエピソードでは、「ペン先を相手に向けるのは失礼」という問題は、私にとって完全に無自覚でした。しかし、私は新卒から外資系でのキャリアを歩んでおり、若い時に細かい社会的なお作法を叩き込まれなかったため「自分はお作法に弱い」という自覚が（お恥ずかしながら）あります。したがってボールペンの指摘を受けた時も、「知らないお作法を知るよい機会になった」とすんなりと受け止めることができました。

よく部下に対する指導の基本は「怒る」ではなく「叱る」だと言われます。しかし、フィードバックにおいては、「叱る」でもなく、「気づかせる」ことが大切です。「薄々感じ

図22　気づきのフィードバック

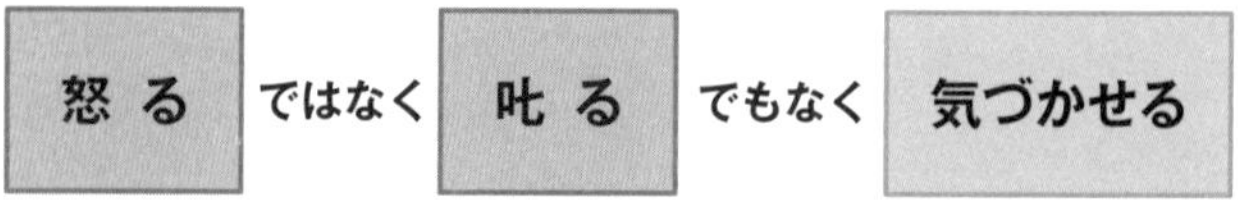

ている問題」だからこそ、くどくど言わずとも、さらっと「気づく」手伝いをしてあげれば、それだけで十分なのです。

　また、「気づきのフィードバック」は「軽く」やることが重要であり、「改善要求のフィードバック」のように「重く」伝えることは望ましくありません。

　ボールペンの話も、顧客からの帰り道に立ち話的にさらっと伝えてくれたから、すっと入ってきました。後味もさわやかでした。このように軽い内容は、後日わざわざ時間を取って重々しく伝えるようなものではありません。

エクササイズ1：気づきのギャップフィードバックのロールプレイング

2人1組になって伝え手と受け手を決め、以下の2つの設定で、気づきのギャップフィードバックのロールプレイングに挑戦してください。ケースが2つありますので、伝え手と受け手の役割を替えてやるのがいいでしょう。

相手がいない場合は、頭の中で実際のシーンを想像しながら、自分ならどんなふうに対話するかを考えてみてください。

■ケース1：部下A（伝え手）、上司B（受け手）

部下Aさん（伝え手）が所属しているチームでは、ビデオ会議の際は、コミュニケーションを取りやすくするためカメラをONにするルールが設けられています。

ところが、上司Bさん（受け手）はいつも顔の上半分だけがモニターに映った状態で会議に出席します。そのため、AさんからはBさんの表情がよく見えません。

Aさんは自分の話をBさんがちゃんと理解してくれているかどうかわからず、少し不安です。

【解答例】

Aさん「すみません、Bさん！　モニターにBさんの顔が上半分しか映っていないようです」

Bさん「あ、ごめん！　カメラの角度が合っていないみたいなんだよ」

Aさん「私にとって自分の説明が上手くいっているかどうか、Bさんの反応をバロメーターにしてるんです」

Bさん「じゃあ、すぐに直さないと！　説明、頑張ってくださいね！」

【解説】

上司だからと言って身構えないようにしましょう。気づきのフィードバックはさらっと伝えれば、相手は直してくれるはずです。小さなことだからこそ抱え込まず、さらっと伝えることが大切です。

■ケース2：同僚C（伝え手）、同僚D（受け手）

Dさん（受け手）は普段落ち着いてプレゼンができます。ただ、たまに過剰に緊張して早口になることがあり、そのことがCさん（伝え手）は気になっています。

Dさんが早口になりやすいのは、事前の準備が十分にできていないときのようです。その点もCさんはDさんに伝えたいと思っています。

【解答例】

Cさん（伝え手）「Dさん、さっきのプレゼンで少しだけ気づいたことがあるので、フィードバックしてもいいですか」

Dさん（受け手）「お願いします」

Cさん「今日のプレゼンはよかったですよ！　ただいつもより少しだけ早口だったように感じました」

Dさん「ああ、気づいていましたか。すごく緊張しているときは、つい早口になります」

Cさん「いつも落ち着いているDさんが緊張するのはどんな時ですか？」

Dさん「実は準備が不十分だと緊張しちゃうんです」

Cさん「普段は落ち着いてプレゼンできていて、とてもわかりやすいですよ」

Dさん「準備をしっかりできている時は落ち着いてできるんです。今日の資料は急いでつくったので見直しができなかったんですよ。だからなんだか不安で。やっぱり準備は大事ですね。ありがとうございます」

【解説】

Cさん（伝え手）は、課題（準備が不十分だと早口になってしまう）も解決策（準備をしっかりすべき）もわかっています。しかし解決策をすぐに伝えるのではなく、あえて質問を投げかけて、Dさん（受け手）本人が自ら課題に気づくことを手助けしています。Dさんは課題に気づくことによって、「今後は準備をしっかりする」という解決策にも自力でたどり着くことができました。

04 改善要求（重め）のフィードバックのコツ

ここからは改善要求（重め）のギャップフィードバックに焦点を当てて、対話の進め方を説明していきます。

相手に改善要求をすることは誰しも気が重いものです。「逆切れされないか」「気を悪くさせないか」などと思ってしまいがちです。相手にとって耳の痛いことは、言わずにすむならそうしたいと多くの人が考え、問題があるのに抱え込んで我慢している状況が職場のあちこちで頻繁に起こっているのではないでしょうか。

しかし多くの問題は自然解消しないもの。その間に当人を取り巻く状況が悪化するかもしれませんし、周囲への迷惑も見過ごせないものに深刻化しかねません。

そこで、あるところで覚悟を決めてやらなければならないのが、「改善要求（重め）のギャップフィードバック」です。フィードバックしようとしている内容が重ければ重いほど、対話の進め方に慎重になるべきです。この難しいギャップフィードバックをどのように進めていくか、理解するのに有効なのが図23の「ソラ・アメ・カサ」のフレームワークです。

図 23　ギャップフィードバックの「ソラ・アメ・カサ」

導入

- ラポールビルディングで打ち解ける
- ポジティブフィードバックを入れる
- あるべき姿を会話する
- フィードバックしてもいいですか？

ソラ	アメ	カサ
表層課題を合意する	深層課題を特定する	打ち手へと導く

ソラ　表層課題を合意する

事実確認
- 1　事実をベースに
- 2　具体的に
- 3　偏った主観や負の感情を排して
- 4　他人の意見でなく自分の感じ方を伝える
- 5　n 数＝1 を一般論にすり替えない

話法
- 6　人と課題を切り分ける
- 7　決めつけない

- 8　事実誤認や対話拒絶なら中断する

→ 認識が正しいか確認する

アメ　深層課題を特定する

掘り下げ
- 9　根本原因を掘り下げる
- 10　なぜを繰り返してみる
- 11　質問しながら思考を手伝う

傾聴
- 12　じっくりと言い分を聴く
- 13　共感を示す
- 14　時には聞き流す

→ 解決すべき深層課題を合意する

カサ　打ち手へと導く

内省を促す
- 15　改善案を自分で考えてもらう
- 16　沈黙しても、辛抱強く待つ
- 17　傾聴する

助言
- 18　受け手が求めてから助言する
- 19　求めがなければ改善案が必要か確認する

総括
- 20　今後のアクションを合意する
- 21　改善後のイメージを想像してもらう
- 22　いくつも指摘しない

→ 改善に向けて動き出す

対話の導入ステップ

「ソラ・アメ・カサ」のフレームワークの中身に入る前に、導入部分の解説をします。ここで適切な配慮をすることで、その後の対話が円滑に進みます。

ラポールビルディングで打ち解ける

このプロセスの入り口は、「ラポールビルディング（信頼関係の構築）」です。「ラポール」とは心理学で「相互の信頼関係」を意味し、またフランス語で「橋をかける」という意味でもあります。商談や交渉などをする際に、いきなり本題に入ると相手が身構えてしまいます。軽く雑談などを重ねてなごやかな話しやすい雰囲気をつくってから本題に入った方がスムーズに話が進む、という考え方です。

しばしば日常会話でも「最近は雨が多いですね」などと本題とはまったく関係のない天気の話をするのも、無意識に相手とのラポールビルディングを行っていると言えます。

重い空気になりがちな改善要求のギャップフィードバックの前にも、軽く雑談などをしてから本題に入るとよいでしょう。

ポジティブフィードバックを入れてみる

ギャップフィードバックをする前にポジティブフィードバックを入れることで心を開いてもらうのもよいでしょう。「あなたは○○が強みです。さらに○○するようにするともっと強くなれます」のように話すと、相手は後半のギャップフィードバックを受け止めやすくなります。

あるべき姿を会話する（To-be）

課題の議論を始める前に、「そもそも本来あるべき姿は何なのか」について会話することから始めるのも効果的です。

たとえば、スピード感のない営業に対して、「スピード感がない」とギャップフィードバックする前に、「営業としてのスピード感はどうあるべきだと思いますか」や、部下への指示の仕方に問題がある管理職には「どのように指示すると、部下は動きやすいと思いますか」など、フィードバックしようとしている論点について、一般論として本来はどうあるべきなのか、相手に問いかけながら対話を始めるのもよいでしょう。

そうすることで、「本来あるべき姿」と「実際に起こっている問題」とのギャップが鮮明になり、フィードバックすべきポイントが明確になります。

「フィードバックしてもいいですか？」と聞いてみる

ストレートに「フィードバックしてもいいですか？」と聞いてみるのも有効です。この質問をすることで、受け手は「これからフィードバックの対話が始まる」と心の準備をすることができます。また「はい、お願いします」と受け手が自ら言葉で発することによって、「自分がお願いします、と言ったからには受け入れなくちゃ」と受け入れのスイッチが入ります。

相手のコーチャビリティが低く、明示的に「フィードバックします」と言うと逆に身構えられてしまう可能性がある時はフィードバックという言葉を使うのをあえて避けるとよいでしょう。代わりに「少し気づいたことがあるんですが、聞いてみますか？」とか「ちょっと助言できそうなことがあるんですが、聞いてみますか？」などの表現を使いながら相手に受け入れの準備をしてもらいます。

ここまでが導入部分でのポイントです。前述した「フィードバック準備の6つのRight」で解説したポイントとともに対話を始める前に考慮しておきましょう。

「ソラ・アメ・カサ」のフレームワークとは

ここから「ソラ・アメ・カサ」の話です。「ソラ・アメ・カサ」はマッキンゼーに在籍していた当時に習った思考のフレームワークで、非常に汎用性が高いため、マッキンゼーを卒業した後も資料作りやプレゼンテーションに応用して使っています。

社員向けの研修を準備している中でギャップフィードバックの進め方をフレームワーク化しようと考えたときに、「ソラ・アメ・カサ」のフレームワークがばっちりと当てはまることに気がつきました。

ギャップフィードバックでの活用方法を説明する前に、「ソラ・アメ・カサ」とは何を意味しているのかを説明しておきましょう。

「ソラ」

ソラは「事実や事象」です。空を見上げると、雨雲が多い。これが事実であり、事象です。誰が見ても「空には雨雲が多い」というのは、ゆるぎない事実と言えます。

「アメ」

アメは「課題や問題」です。「空に雨雲が多い」という事実（ソラ）から推察して、「雨が降るかもしれない」というふうに課題（アメ）を特定します。

「カサ」

カサは「改善案や打ち手」です。「雨が降るかもしれない」という問題があるので、雨に濡れないように「傘を持って出かける」という打ち手（カサ）に繋がるのです。

シンプルなやり方のように思われるかもしれませんが、このフレームワークは問題解決において非常に効き目があります。コンサルティングの現場では、ゆるぎない「事実＝ソラ」を集め、その事実を顧客と共有します。そして事実から導き出される「課題＝アメ」を合意し、そのうえでそうした課題を解決するための「打ち手＝カサ」を提案するのです。

余談ながら、世の中には、課題が特定されていないのに打ち手（カサ）を「ソリューション」と称して提案したがるコンサルタントや企業が少なからず存在します。「ソリューション」を売りたい気持ちが前のめりになりすぎて、本来そのソリューションで解決すべき問題を顧客としっかり合意するプロセスが不十分なのです。

顧客の課題に十分に向き合わず、「この製品を採用すれば○○ができるようになります」とか「このソリューションを導入すれば○○が改革できます」などと勧め、自社のソリューションを売り込もうとするビジネスがまかり通っています。しかし、提案される側にしてみれば、自分が何に困っているのかをよく理解していない人から、課題特定の欠落した「カサ思考」の提案をされても腹落ち感がありません。

「空に雨雲が多い」ということは、「雨が降りそう」なので困る。そういう問題があるからこそ、「傘を持っていく」という打ち手が意味を持つのであって、雨雲が多くなく、雨も降りそうにないのに、「傘を持っていきましょう」と押しつけがましく言われても、たいていの人は腑に落ちないでしょう。

100万円の治療法を受けるか

「ソラ・アメ・カサ」は、本書のテーマであるフィードバックを抜きにしても、ビジネスパーソンにとっては大変に有益なフレームワークなので、理解を深めるためにさらに追加でたとえ話をしましょう。

あなたが体調が優れず医者に行ったとします。医者が十分な検査もせずに「この100万円の治療法を受けてください。そうすれば、あなたは健康になります」と言われても、不審に思ってしまうでしょう。これが「カサ思考」です。

では「【アメ】あなたは○○の病に罹かっており、余命わずかです。だから、【カサ】高額ですが100万円の治療法を受けてください」と言われたらどうでしょう。「アメ＝余命わずかの病」が明示されているので「カサ思考」よりははるかにましです。しかし「本当にその病なのか」と疑問に思うはずです。

ではさらに、「【ソラ】血液検査の結果、○○の値が基準値をはるかに超えていました。加えて、精密検査でCTを撮ったところ○○の結果が出ました。【アメ】これは○○の病に罹かっているということです。残念ながら余命わずかです。だから、【カサ】高額ですが100万円の治療法を受けてください」と言われたらどうでしょう。

検査結果という事実、すなわち「ソラ」が示されています。そして、そのデータから余命わずかな病であるという「アメ」が特定されました。そのうえで提示された100万円の治療法という「カサ」には強い納得感があります。このようにフィードバックに限らず、営業提案やプレゼンテーションをする際には、自社が持っているソリューションや製品とアピールしたい気持ちをぐっと抑えて、「ソラ・アメ・カサ」の順序で説明するようにしてみてください。手間はかかりますが、相手の納得感は飛躍的に高まるはずです。

ギャップフィードバックにおける「ソラ・アメ・カサ」

ここからはギャップフィードバックにおける「ソラ・アメ・カサ」の応用を見ていきま

図24　ギャップフィードバックにおける「ソラ・アメ・カサ」の基本的な考え方

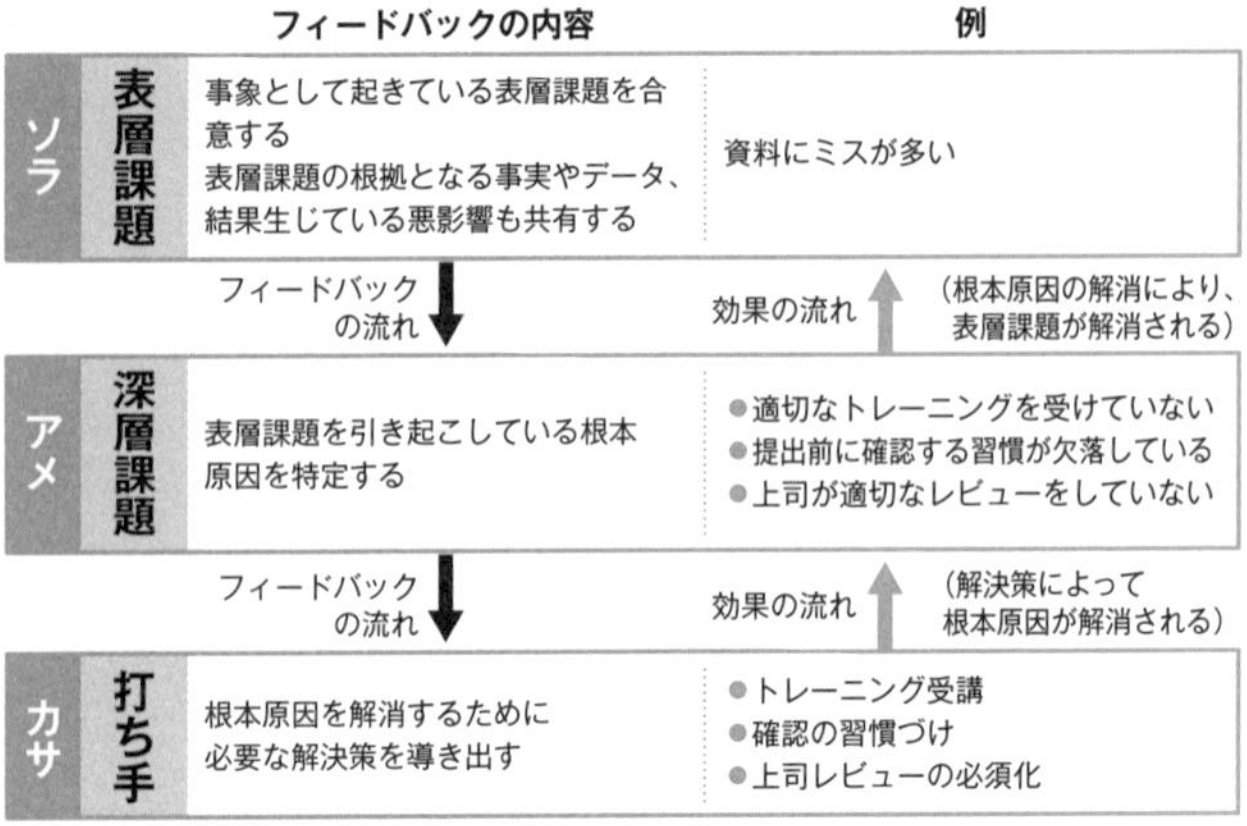

		フィードバックの内容	例
ソラ	表層課題	事象として起きている表層課題を合意する 表層課題の根拠となる事実やデータ、結果生じている悪影響も共有する	資料にミスが多い
		フィードバックの流れ ↓ 効果の流れ ↑	（根本原因の解消により、表層課題が解消される）
アメ	深層課題	表層課題を引き起こしている根本原因を特定する	●適切なトレーニングを受けていない ●提出前に確認する習慣が欠落している ●上司が適切なレビューをしていない
		フィードバックの流れ ↓ 効果の流れ ↑	（解決策によって根本原因が解消される）
カサ	打ち手	根本原因を解消するために必要な解決策を導き出す	●トレーニング受講 ●確認の習慣づけ ●上司レビューの必須化

しょう（図24）。

ギャップフィードバックをする際、つまり相手に問題があると思った時、多くの場合、「こうすればよいのになぁ」というアイデア、つまり「カサ＝改善案」は伝え手の中にすでにあるはずです。

しかし伝え手と受け手の間でソラやアメについての合意ができていないのに、伝え手がいきなり「こう直すべきだ」と結論づけても、受け手は戸惑うばかりです。実際、カサ思考のギャップフィードバックをやってしまった結果、失敗に終わるケースはよく見られます。受け手にしてみれば、そもそも課題認識がなかったり、指摘された課題も事実に基づかないものであれば、フィードバックをされても納得感が得られないのです。

改善要求（重め）のフィードバックは言い

訳や反論などが予想され、難しいものです。だからこそ、以下のように3つのステップを丁寧に踏んでいく必要があるのです。

ステップ1：ソラ

ギャップフィードバックにおける「ソラ」のステップでは、目に見える形で表面化しており、すでに周囲に何らかの悪い影響を及ぼしている事象を対話しながら合意します。こうした事象を総称して「**表層課題**」といいます（「ソラ」のステップでアメっぽい「課題」という言葉が混じるのが少しわかりづらい部分なので注意してください）。

たとえば「資料にミスが多い」「仕事の納期が遅れがち」「営業成績が未達」「部下に退職者が多い」など、これらは表面化している問題であり、表層課題と言えます。

また表層課題の論拠となる**事実やデータ**、その結果として生じている**悪い影響**もこのステップで共有しておきます。

以下はソラのステップで共有すべき表層課題、事実やデータ、悪い影響の例となります。

- 「仕事の納期が遅れがち」→ 表層課題
- 「今月は3回、納期が遅れた」→ 表層課題の論拠となる事実やデータ
- 「そのため関連部門で残業が生じた」→ 結果として生じている悪い影響

ステップ2：アメ

ギャップフィードバックにおける「アメ」のステップでは、表層課題を起こしてしまっている根本的な原因が何なのかを特定します。これを表層課題の奥底に眠っているという点で「**深層課題**」といいます。表層課題を確実に解消するには、深層課題まで掘り下げる必要があります。

たとえば「資料にミスが多い」という表層課題の背後には、「適切なトレーニングを受けていない」「提出前に確認する習慣が欠落している」「上司が適切なレビューをしていない」などさまざまな深層課題が隠れています。

ステップ3：カサ

ギャップフィードバックにおける「カサ」のステップでは、アメのステップで特定された深層課題を解決するにはどのような**打ち手**を取るべきか議論します。「ソラ・アメ」のステップを踏むことで、表層的な課題ではなく、根本的な原因にアプローチできるようになるので、抜本的な解決が期待できます。

「資料のミスが多い」という表層課題に対して、課題の裏返し的に「資料のミスを減らそう」という打ち手では不十分です。「アメ」のステップで「提出前に確認する習慣が欠落している」といった深層課題を特定するからこそ、実効性のある打ち手にたどり着くことができるのです。

「ソラ」（事実・事象）のプロセス

まずは「ソラ」のプロセスとして、どのような表層課題が発生しているか、事実確認を進めます。

■「ソラ」における事実確認の進め方

① 事実をベースに

フィードバックの基本的なスタンスは、当たり前ですが、事実をベースにすることです。人からの伝聞を事実確認しないままに鵜呑みにしたり、そもそも誤った事実認識で行われたフィードバックは決して受け入れられません。

伝え手と受け手の力関係に大きな差があるような時、たとえばベテランの管理職から新人社員に対してフィードバックがされた場合、それが事実誤認であったとしても、うわべでは「わかりました」と言うかもしれませんが、感謝して改善するどころか、恨まれたり関係性の悪化に繋がったりしかねないので注意が必要です。

必要であれば、事前に職場のほかの人たちにも話を聞くなどして、自分の見方が正しいかどうかを確認しておくのもよいでしょう。

②　具体的に

また問題提起した発言や行動が抽象的すぎても相手には伝わりません。「あなたのプレゼン資料はどうもミスが多いように感じる」と伝えても抽象レベルが高すぎて、「具体的には何が問題なんだろう？」と疑問に思ってしまいます。そうではなく、「午前中のA社向けのプレゼンで使った資料の中に数か所間違いがありました。先週のB社向け資料でも数字の間違いがありました。どうも最近、資料にミスが多いように思います」というように具体的に伝えるべきです。

「資料にミスが多い」と思ったとしても、単なる印象論でしかなく、具体的なミスが何なのか言えないようであれば、一旦フィードバックすることをとどまって、具体的な情報を把握してからフィードバックするようにしましょう。

③　偏った主観や負の感情を排して

ギャップフィードバックをするということは、相手が何らかの問題を抱えているからです。そうした問題が長引いていたりすると、受け手に対する負の感情が溜まっていることも多くなります。このような状況だと、「この人はそそっかしい」という先入観や思い込みが混じりがちで、「だからまたミスしたんだろう」といった偏った主観から、事実確認も不十分なままフィードバックを始めてしまいかねません。

ましてや、「いい機会だから相手を攻めてやろう」と負の感情を抱いて対話を進めるのは絶対にNGです。たとえフィードバックの内容に妥当性があっても、そうした偏った主観や負の感情は必ず伝わり、相手は身構え、耳を塞《ふさ》いでしまいます。

フィードバックする際は、公平で冷静で前向きな精神状態で臨むようにしましょう。

④ 他人の意見ではなく自分の意見や感じ方を伝える

もうひとつ、事実確認において重要なのは、あくまでも自分の意見や感じ方を伝えるということです。事前にほかの人たちに話を聞いて参考にするのはよいとしても、「○○さんがこう言ってますよ」などと他者の意見や感じ方を伝えるのはよくありません。

そもそも第三者の見方を安易に援用したギャップフィードバックは無責任ですし、このやり方は、第2章のポジティブフィードバックの内容で触れた「ウィンザー効果」を応用したギャップフィードバックになってしまう恐れがあります。その場合、相手は「周りの人たちは知らないところで、いつも自分の悪口や陰口を言っている」とネガティブな拡大解釈がふくらみ、気分が大きく落ち込んでしまいかねません。

⑤ n数＝1を一般論にすり替えない

事実を伝える時に犯しがちなミスが、「n数＝1の話を一般論にすり替える」ことです。あなたが感じている問題意識をギャップフィードバックする際に、同様の問題意識を感じている人がほかにいなければ、それはサンプル数が1、つまりn数＝1の状態です。しかしサンプル数が1の状態では、受け止められるか不安に思う人が多いでしょう。

フィードバックをしても、「それって、あなただけが感じている問題でしょ」などと思われてしまわないかと気を回してしまいます。その不安を緩和するために、なかには勝手にサンプル数を増やしてしまう人がいます。このような伝え手は得てして「私だけでなく、みなが思っていますよ」などと自分の印象を一般化、誇大化して言いがちです。このように事実を曲げて、n数＝1を一般化するのは、むしろ相手に受け止めてもらえない状況に繋がりかねないので厳に控えるべきです。

私自身も過去にある管理職から、「三村さんは、部下の仕事に細かく口を出しすぎる傾向があるようです。ほかの管理職も同じように言っていますよ。もっと権限移譲すべきではないでしょうか」とフィードバックをもらいました。社員からのフィードバックは金言です。私は感謝と今後は気をつけることを伝えました。しかしながら、部下に権限移譲することは私が大切にしている仕事の哲学のひとつ。「本当にそんなに多くの管理職を困らせていたんだろうか……」と考え込んでしまいました。

そこで少し深く聞いてみると、実際には、ほかの管理職も言っていたというのは誇大な表現で、ある会議での私の発言が、「自分の部門に口を出されすぎている」とその管理職に感じさせてしまったようです。言われてみれば心当たりがありました。この管理職は問題提起するのに、自分だけが困っているのでは不十分と思い、「他の管理職も思っているようです」と一般化してしまったようでした。

この場合、この管理職はどのように私に伝えればよかったのでしょうか。「ほかの人も思っている」とか、「いつもやっている」などと一般化する必要はあったのでしょうか。事実を曲げて一般化したことでむしろ腹落ち感が損なわれ、フィードバックを受け入れるのに強い抵抗を感じてしまいました。それよりもn数が1でもいいから、自分が感じた強い問題意識をストレートに伝えるべきだったのです。

たとえば「先日の会議で、三村さんからの助言が多かったのは助かりました。ただ自分に任せてもらえていないように感じてしまいました。三村さんには、もっと信頼して任せてほしいと思いました」と。それで十分に「ああ、申し訳ないことをしてしまった。次からはもっと任せよう」と反省できたはずです。一般化の必要はなかったのです。

サンプルの数が多ければ事実は強化されます。しかし、重大な問題であればサンプル数が1であっても、「自分は○○のように感じた」と強い問題意識をギャップフィードバックすればいいわけです。わざわざ事実を捻じ曲げてサンプル数を増やし一般化を図る必要はありません。

■ソラにおける適切な話法

⑥ 人と課題を切り分ける

フィードバックをする際には、相手の人格を攻撃しているかのように誤解されないよう配慮しましょう。そのためにも課題特定する際には「人格」と「課題」を意識的に切り分けることです。

「あなたはいい加減な人だ」などと人格を攻撃するような言い方をすると、相手は心を閉ざしてしまいかねません。そこでコツは、「あなたは、○○という問題がある」ではなく、「あなたの□□のような発言は、○○という問題がある」というふうに、人格と課題を切り離すように心がけます。

⑦ 決めつけない

相手の行動や発言について「よくない」「不適切だ」などと一方的に決めつけるのも禁物です。相手の言動に問題があったとしても、本人しか知らない背景や事情によってそうなっている場合もあるからです。相手は「本当は○○のような事情があったのに、決めつけられて残念だ。このようにすぐに決めつける人とは話したくない」と思われたら、フィードバックは相手に受け入れられなくなってしまいます。

日本語に比べて直接的な表現が多いと言われる英語にも、実際には多くの婉曲表現があります。たとえば、"It seems that…"（…のように見える）や、"It sounds that…"（…のように聞こえる）は断定すべきでないシーンでよく使われ、とても便利です。

フィードバックの際も、これらの英語のように柔らかい表現を交えて、「○○のように見えます」や「○○のように聞こえます」など、少し婉曲のニュアンスを使うとよいでしょう。相手は事情説明や弁解の機会が与えられ、その後の対話がスムーズになります。

⑧ 事実誤認や対話拒絶なら中断する

事実確認の段階で明らかに誤認だとわかった場合にはフィードバックを中断しましょう。あるいは伝え手が事実だと確信していたとしても、相手にとっては内容が抽象的すぎたり、そもそも心当たりがなかったりしては、相手の腹落ちが見込めません。このような場合には、意地になってそれ以上フィードバックを続けようとしても不毛な議論になりかねないので、フィードバックを完了させることにこだわらず一旦引き下がるべきです。

またフィードバックを始めてはみたものの、対話を続けることに強い抵抗を示し、なかには拒絶する人もいます。このような場合には、「この人はコーチャビリティが低いので建設的なフィードバックは困難」と考え、フィードバックをあきらめることも視野に入れましょう。せっかく勇気を出してフィードバックを始めたのに、あきらめてしまうのは残念ではありますが、受け入れるマインドのない相手に無理にフィードバックするのは徒労に終わるばかりか関係の悪化にも繋がりかねません。

フィードバックの手法を説く書籍で、「フィードバックをあきらめましょう」というアドバイスには違和感を覚えるかもしれません。しかしフィードバックを最終的に受け入れるかどうかは究極的には相手が決めることなのです。フィードバックの対話を無理に続けて受け入れを強要しても、そのフィードバックが成長に繋がることはないでしょう。また別のタイミングを見計らうなどして、一旦引き下がりましょう。

以上のようなやり取りを経て事実確認が終わったら、次のアメのプロセスへと進みます。

↓↑↓

「アメ」（課題特定）のプロセス

「アメ」のプロセスでは、相手との対話を通じて深層課題を特定します。

■「アメ」における深層課題の掘り下げ

⑨ 深層課題を掘り下げる

「ソラ」のステップが終われば、相手と表層課題の合意がされたはずです。軽めのギャップフィードバックであれば、さらに掘り下げる必要はなく、表層課題を解消すればそれでおしまいです。

たとえば「ボールペンの先を向けるのは失礼」という軽い表層課題に対しては、それ以上、深掘りする必要はありません。表層課題の裏返しでシンプルに「ボールペンの先を向けないように気をつける」で十分です。

しかし重めのギャップフィードバックでは、表層課題の裏返しでは根本的な改善策に繋がりません。課題を根本から解消するためには、目で見てわかる表層課題だけではなく、その奥底に潜む根本的な原因になっている深層課題にアプローチする必要があります。

たとえば「納期を守らない」という仕事のスタイルはやや重めの問題です。こうした重めの問題に対して「仕事の納期を守るようにする」という裏返しの打ち手では再発を防げません。フィードバックの直後はしばらく納期を守ったとしても、納期を守らない根本原因が直っていないので、しばらくすると再発してしまう可能性があります。

⑩ なぜを繰り返してみる

ではどのようにすれば深層課題にたどり着けるのか。「どうしてこのような問題が起きているのだろうか?」「何が原因なんだろうか?」と念頭に置いて、伝え手と受け手でインタラクティブに対話を進めながら洞察を深めてください。このときに第2章のポジティブフィードバックで触れたトヨタ生産方式の「なぜなぜ分析」のようなアプローチも有効です。以下のように「なぜ」を繰り返しながら深層課題へと掘り下げていくのです。

納期を守らないという課題がある。それはなぜなのか？
←
品質にこだわりすぎて納期を軽んじる傾向がある。それはなぜなのか？
←
品質がよければ、多少納期が遅れても構わないと思ってしまっていた。それはなぜなのか？
←
品質と納期はトレードオフの関係であり両立が必要だという視点が抜けていた。そもそも納期を守らないと関係部門にどれだけ迷惑をかけているのかにも鈍感であった。

このように「なぜなぜ」を繰り返すことによって、「納期を守らない」という表層課題の奥底に潜んでいた「品質と納期はトレードオフという視点が欠如していた」という深層課題にたどり着くことができました。

⑪ 質問しながら思考を手伝う

適切な質問は思考を刺激します。相手が自分の頭で考えて、自力で根本原因にたどり着くのが一番ですが、困っているようであれば、質問を投げかけてあげましょう。

以下は例として、「仕事が受け身」という表層課題に対して質問を活用したやり取りです（端的に書いているので、やや詰めている感じになってしまっているのはご容赦ください）。

伝え手：「仕事が受け身なのは、何が原因だと思いますか？」
受け手：「どうも自分はチャレンジ精神が弱いんです……」
伝え手：「チャレンジ精神が弱いのは、何が原因だと思いますか？」
受け手：「どうしても失敗した時のことばかり考えてしまうんです」
伝え手：「そう考えてしまうのは、何か原因に心当たりはありますか？」
受け手：「以前の職場は、失敗すると全員の前で叱責されるような職場だったんです」
伝え手：「今の職場で、失敗を責めるような人はいますか？」
受け手：「そう言われてみれば、まったくいません。前の職場の辛い経験を持ち込みすぎてしまっていたようです」

この例では、「仕事が受け身」という表層課題に対して、表層課題の裏返し的に「仕事にもっと能動的になってください」と言ってもおそらく解決には至らなかったでしょう。質問を繰り返すことで、「失敗に不寛容な前職のトラウマを、失敗に寛容な現職にも当てはめてしまっていた」という深層課題にたどり着くことができました。

■ソラ・アメにおける傾聴で共感を示す

⑫ じっくりと言い分を聴く

ソラとアメのプロセスを通じて、「傾聴」の姿勢が重要です。ギャップフィードバックの内容が重ければ重いほど、相手の防御本能が働き、「あのときはこういう事情があって」などといった弁解や釈明が始まりがちです。そうすると、伝え手としては「言い訳は聞きたくない」とか「そんなことはどうだっていいんだ」などと、はねつけてしまいたくなりますが、それではせっかく開きかけた相手の心が閉じてしまいかねません。

はねつけたくなる気持ちをぐっと抑えて、しっかりと相手の言い分に耳を傾けてください。実際、自分が知らない「やむを得ない事情」があるかもしれません。

⑬ 共感を示す

相手の言い分にじっくり耳を傾ける際に、単に聴くだけではなく、「私はあなたの味方だし、どんな事情があったのか知りたいので、しっかりと耳を傾けていますよ」と示してあげることが大切です。そこで有効なのが「傾聴と共感」のテクニックです。

基本的なテクニックは、当たり前ですが、「目を見て、相槌を打つ」ことです。心の中で「言い訳なんか聞きたくない」と思ってしまうと、ついイライラして、相手と目も合わせず、ろくに相槌も打たずに、「早く終わらないかな」といった空気を無意識に出してしまいかねません。

うなずくだけではなく、「なるほど、そういう背景があったんですね」などと言葉に出して合いの手を入れ、また時折「それは大変でしたね……」と相手の困難な状況や事情に共感を示すとよいでしょう。

もうひとつの傾聴と共感のテクニックは、「相手の言った内容を自分の言葉で繰り返してあげる」ことです。「実は人手が足りなくて……」といった弁明に対しては、「ああ、人手が足りなくて忙しかったんですね」というふうに同じ内容を少し言葉を変えて反復してあげるのです。単にうなずくよりも、しっかりとあなたの話を聴いてますよ、と相手に示すことができます。

これらの傾聴と共感のテクニックを活かすことで、受け手は「自分の事情を深く理解してもらえた」という感情が湧き、その後の対話がスムーズになります。

⑭ 時には聞き流す

たいていの場合、ギャップフィードバックで特定される表層課題や深層課題に、相手は自分でも薄々気づいているものです。しかし、気づいていてもなかなか向き合おうとしないのが人間であり、だからこそ受け手は弁解や釈明に走りやすいのです。よきフィードバッカーを目指すなら、そういう人間の弱さを許容する優しさも見せるべきでしょう。

ただし、相手の言い分をすべて受け入れる必要はありません。ギャップフィードバックを伝えようとすると、事情や背景を説明するのではなく、論点ずらしなどを始める人もいるからです。

たとえば、「あなたの部門は他部門との連携が弱い」と課題を指摘すると、「それ以前の問題として、会社全体のＫＰＩが整理されていません」などと別の問題を持ち出してくる人がいます。また、営業用の提案資料についての課題を指摘しているのに、「あれは案件自体に無理があったんです」と問題をすり替える人。さらには、こちらのギャップフィードバックに対して、「ではよい機会なので言わせてもらいますが、あなたにも問題があるんじゃないですか」と逆ギャップフィードバックで切り返してくる人。そういう人たちの話の中にも、時には合理的な反論もあるかもしれません。しかし意図的な論点ずらしなど、すべて真に受けていたらキリがありません。ましてやカッとなっていちいち議論に付き合ってしまっては相手の思うつぼです。適当に聞き流して取り合わないことです。

「そうですね」と相槌を打ち、そして深呼吸して冷静になってから、「それはまた別の機会に議論するとして、本題に戻ってもよいですか」と対応すればよいでしょう。

これらの対話を通じて深層課題が特定されたら、次の「カサ」のプロセスへと進みます。

エクササイズ2：消極的な聴き手と積極的な聴き手

このエクササイズではコミュニケーションにおける共感の大切さを学びます。

2人1組になって「話し手」と「聴き手」を決めて、図25（P156）を見ながら対話を進めてください。

■ケース1：消極的な聴き手のロールプレイング

【話し手】

話し手は、好きな趣味、好きな映画、旅行してみたい国など、話していてワクワクするようなトピックを1分ほど話してください。


【聴き手】

聴き手は、話し手が話している間、図にある「消極的な聴き手」の欄を参考にして、できるだけ消極的な態度で聴いてください。


【学んでほしいこと】

図25　消極的な聞き手と積極的な聞き手

NG 消極的な聴き手	項目	積極的な聴き手 OK
「早く話が終わらないかな」	マインド	「この人の話をもっと聞きたい」
喜怒哀楽なく	反応	相手の感情に寄り添って前向きな話は一緒に喜び悲しい話は一緒に悲しむ
無表情で	表情	表情豊かに
だるそうに	雰囲気	いきいきと
目を見ない、きょろきょろする	視線	相手の目をしっかり見る
少しふんぞり返って	姿勢	少し前のめりで
ほとんどうなずかない うつむいてため息をつく	相槌	頻繁にうなずく
黙って聞く	発声	「それはすごい」「それは大変だったんですね」など合いの手を入れる
なし	反復	相手の話を反復して理解を示す
▼ 信頼が損なわれる		▼ 信頼が増す

共感を示さないことが、いかに話し手にとって気持ちの悪いことか実感してください。フィードバックの伝え手がこのような消極的な態度をとるのはNGです。

あくまでもロールプレイングなので、話し手は不愉快な気持ちになって消極的な聴き手役のことをくれぐれも嫌いにならないようにしましょう。

■ケース2：積極的な聴き手のロールプレイング

【話し手】

話し手は、好きな趣味、好きな映画、旅行で行ってみたい国など、話していてワクワクするようなトピックを1分ほど話してください。

【聴き手】

聴き手は、話し手が話している間、図にある「積極的な聴き手」の欄を参考にして、できるだけ積極的な態度で聴いてください。

【学んでほしいこと】
聴き手の積極的な態度により、話をしていて心地よさを感じたはずです。フィードバックの伝え手として共感を示すことがいかに大切かを実感してください。

終わったら、話し手と聴き手の役割を交代して、もう一度やってみましょう。

⇅

「カサ」（改善案）のプロセス

ここからやっと打ち手の対話です。事実としての**表層課題**（ソラ）を合意し、その表層課題を引き起こしている**深層課題**（アメ）が明らかだからこそ、次のステップとして有効な**打ち手**（カサ）の議論に繋がるのです。

まずは内省を促すことから始めましょう。

■「カサ」における内省の大切さ

⑮ 改善案を自分で考えてもらう

ギャップフィードバックをする側は、「こうすればよいのに」など、事前に改善案が心の中にあるケースが多いはずです。けれども、伝え手がその改善案を口に出してしまうと、相手への押しつけになってしまいます。

フィードバックを受ける側にしてみれば、伝え手から押しつけられた改善案よりも、自分の頭で考えた改善案の方がはるかに納得感を得やすく、実行に向けた意志も強くなります。これを「**自己決定感**」といいます。相手の自己決定感を尊重してあげることが大切です。

したがって、このプロセスでは、「どうすれば、〇〇できそうですか」とか「どうすれば、〇〇せずにすみそうですか」といった問いを投げかけて、相手に内省を促すところから始めます。自分の中に答えがあっても、決してすぐには伝えないようにすることが、このステップではとても重要です。

⑯ 沈黙しても、辛抱強く待つ

相手から改善案がなかなか出てこないこともあります。ギャップフィードバックの内容が重ければ重いほど、相手の口も重くなり、沈黙の時間は長くなります。しかし、ソラとアメのプロセスが適切に進められていれば、相手は表層課題と深層課題を深く理解し、「どうすればよいのだろう」と考えているはずです。

相手が黙っているからといって、それは対話を拒絶しているサインだと誤解しないように。相手が自分の頭で考え、口を開き始めるのを辛抱強く待ってあげてください。

⑰ 傾聴する

そうすると相手が改善案をポツポツと口にし始めるでしょう。たとえ意にそぐわない内容であったとしても、途中でさえぎってはいけません。しっかりと傾聴し、最後まで聞き切ることが大切です。ときおり、前述した「傾聴と共感」のテクニックを使って、相槌や反復を挟めば、共感の姿勢も伝わりやすくなります。

ここまでのステップで受け手が自らの力で改善案にたどり着けば、フィードバックは大成功です。しかし受け手が自力では改善案にたどり着けない場合、その時は伝え手であるあなたの出番です。

■カサにおける解決策の助言

⑱ 受け手が改善案を求めるのを待ってから助言する

改善案が相手の口からなかなか出てこない場合は、それでも待ち続けるか、こちらから助言するかという判断を迫られます。一番いいのは、相手から「○○さんなら、どうしますか」とか「どうするのがよいかアドバイスをいただけませんか」などと助言を求められるまでは待つというやり方です。

相手の求めに応じて改善案を示すのですから、押しつけ感がなくなり一定の自己決定感を担保できます。

⑲ 求めがなければ、改善案が必要か確認してから助言する

いくら待っても、なかなか助言を求めてこないケースもあります。そういう場合は十分に待ったうえで、「私だったらどうするか、少しアイデアがあります。よかったら聞いてみますか？」と尋ねてみましょう。相手の「あなたのアイデアを聴いてみたい」という意思を確認したうえで伝えることによって、同様に押しつけ感が少なくなり、一定の自己決定感を担保できます。

⑳ 今後のアクションを合意する

改善案にたどり着くだけでは不十分です。改善案からアクションに結びつけることが大切なので今後の具体的なアクションについて相手と合意します。改善案を実行していくために、今後はどうするのか、明日から何をするのか、今から何ができるのか、そういったことを本人が決めるのを手伝ってあげましょう。

ここでも押しつけは禁物です。相手が自らアクションを考えるサポート役に徹してくだ

さい。難しいことはありません。「さて、今後はどうしましょうか？」とか、「早速、何から始めてみますか？」というように、質問を投げかけてあげればよいのです。

㉑ 改善後のイメージを想像してもらう

仕上げとして、相手に「その改善案を実行したら、どうなりそうですか？」と問いかけてみるのも効果的です。受け手の中で自分が成長したポジティブな姿や、問題が解決した前向きな状況をイメージできるはずです。そしてポジティブなイメージを抱くことは、改善に向けたアクションを実行するうえで強い動機づけに繋がっていきます。

締めくくりに、「あなたはきっとできるはずです」「とても期待しています」などといった応援の言葉を添えて終わるのもよいでしょう。

㉒ いくつも指摘しない

ここまででギャップフィードバックがひとつ終わっているはずですが、最後にひとつ注意があります。それは1回のギャップフィードバックにおけるトピックは必ずひとつに絞るべきです。これは軽めも重めもどちらにも言えることです。

「せっかくの機会だから……」とあれこれ指摘するのはよくありません。相手にしてみれば、一度に2つも3つも課題を列挙されるのはさすがに不愉快です。「受け入れているふりをして、さっさとこの場を終わらせたい」という気持ちになると、ギャップフィードバックの内容が頭に入ってきません。

どんな職場にも、フィードバックを伝えづらい人はいるものです。そういう人にギャップフィードバックをするときに、思いのほか相手が心を開いてくれたりすると、伝える側はホッとして「ついでにこれも言っておこうか」と欲張ってしまいがちです。しかし、複数のギャップフィードバックは逆効果になるためNGです。

私自身、ある部下からフィードバックを受ける機会がありました。確かに心当たりがあったことなので、謙虚に受け止め、しっかりと感謝もしました。ただ、おそらく意を決して社長にフィードバックをしたところ、すんなり受け入れられて気をよくしたのでしょう。追加で2つめのフィードバックをくれました。その時は「あれ……」と思いながら、受け入れて感謝もしました。しかし、さらに3つめのフィードバックが始まった時には、「相手はよかれと思って言ってくれている」とはわかっていながらも、さすがに負の感情が湧いてきてしまいました。この時に味わった負の感情はとてもよい薬になりました。それ以降、私から他者へフィードバックをする際には、「言いたいことがあっても、必ずひとつにとどめる」と意識してコントロールできるようになりました。

以上がギャップフィードバックの「ソラ・アメ・カサ」のフレームワークです。フレームワークとして22のステップを解説しましたが、実際にフィードバックを実施する際にすべてを踏襲する必要はありません。

たとえば、以前、フィードバック講座で「上司にフィードバックする時に、『カサ』のステップで上司に内省を求めるのは難しく感じます」と質問を受けたことがあります。そのように感じる場合は、⑮から⑰の内省のステップをスキップして、いきなり部下の立場からカサの案をていねいに助言するのも手かもしれません、と伝えました。

このように相手の性格や関係性、問題の特性等の要素によって、どのポイントに力を入れるべきかはまちまちです。ギャップフィードバックには軽めから重めまで無数のグラデーションがあると言いましたが、ごく軽いフィードバックにすべて適用するのは明らかにやりすぎです。ただ、これらのステップをよく理解しておくことは、伝え手のあなたにとってギャップフィードバックにおける22個もの〝引き出し〟を持つことになります。状況に応じてどの引き出しを使うのか、適切に組み合わせられるようになってください。

また、このフレームワークはフィードバックを実施する前に想定シミュレーションをするのに便利です。特に重めのギャップフィードバックを行き当たりばったりでやってしまうと、相手が傷つくことがあるだけでなく、逆切れや逆恨みといった反応によって自分自身が傷つくこともあります。そういう事態を未然に防ぎ、フィードバックの効果を最大化するためには、あらかじめ段取りをよく考えておくとよいです。フレームワークを見ながら頭の中で、①から㉒まで順を追いながら対話をシミュレーションしておくと、本番のフィードバックがよりスムーズになるでしょう。

エクササイズ3：重めのギャップフィードバックのロールプレイング

2人1組になって伝え手と受け手を決め、「ソラ・アメ・カサ」のフレームワークに従って、重めのギャップフィードバックのロールプレイングをしてみましょう。

相手がいない場合は、頭の中で実際のシーンを想像しながら、自分ならどんなふうに対話するかをイメージしてみてください。

■ケース1：「部下から上司へ」の重めのギャップフィードバック

まず、2人1組のどちらが、伝え手Aさん（部下）役、受け手Bさん（上司）役をやるか決めてください。そのうえで以下の設定情報をよく読み、AさんからBさんに対して、部下から上司へのギャップフィードバックを実施してください。

【伝え手Aさん（部下）の設定】

Aさんはサービス部門のスタッフです。最近、部門では、業務改善に向けたシステム導入のプロジェクトが立ち上がり、数人のメンバーが選抜されました。Aさんがサブリーダーで、上司の課長であるBさんがリーダーです。

Aさんから見ると、Bさんはリーダーシップがあり頼りがいがあります。しかし、時々、指示や説明が言葉足らずのことがあり、現場が混乱する原因になっています。

ある日、Bさんからシステム導入のスケジュールを前倒しすると突然、発表されました。タイトなスケジュールで動いているプロジェクトチームのメンバーたちは大きく動揺し、Aさん自身もこのままではプロジェクトが上手くいかなくなると心配しています。

【受け手Bさん（上司）の設定】

Bさんはサービス部門の課長職です。くどくどとした説明をするのも、受けるのも嫌な性格なので、部下への指示はできる限り端的にしようと心がけています。

ある日、営業部門を統括する役員からシステム導入の時期を早めてほしいという相談があり、業務上、どうしても必要とのことだったので要請を受け入れました。

メンバーにスケジュールの前倒しを発表しましたが、皆、忙しそうなので背景の説明まではしませんでした。それ以来、どうもチーム内がぎくしゃくしているのを感じています。

【ギャップフィードバックする内容】

Aさん（部下）は、Bさん（上司）の指示がシンプルでわかりやすい反面、時々、言葉足らずであると以前から感じていました。事柄の重大性に応じて、シンプルな説明ですます時と、しっかり説明する時と、使い分けてほしいと思っています。今回、スケジュール変更の説明がなく、メンバーが動揺していることを踏まえて、強いためらいを感じつつも、今後も同様の問題が生じることがないようにギャップフィードバックしようと決意しました。

【解答例】

〈ソラ：表層課題の合意〉

Aさん（伝え手）「今日はお時間を取っていただき、ありがとうございます。実は業務改善プロジェクトの進捗について気になっていることがあるんです」

Bさん（受け手）「え、どんなことですか？」

Aさん「システム導入の日程が急に前倒しになってメンバーの人たちが動揺しているんです（事実をベースとして「メンバーが動揺している」という表層課題を伝えている）」

Bさん「あの件ですね。メンバーに負担がかかるだろうなとは思っていたんだけど」

Aさん「このままでは、このプロジェクトがうまくいかなくなるのではないかと心配です（「他人の意見ではなく、自分の感じ方を伝える」のテクニックで率直に自分の問題意識を伝えている）」
Bさん「そうですか。それは困るな……」

【解説】
Bさん（上司）は「メンバーが動揺している」という表層課題を理解したことで、いきなり「もっとしっかりと説明するべきです」とカサから言われるよりギャップフィードバックを受け止める気持ちの準備ができました。

〈アメ：深層課題の特定〉
Aさん「日程が変わったのはなぜなんでしょうか？（質問をしながら、深層課題を掘り下げる手伝いをしている）」
Bさん「営業の役員からどうしても時期を早めてほしい、と要望があったんですよ」
Aさん「なるほど。そんな事情があったんですね。それは断りづらいと思います（相手の事情に対して共感を示すテクニックを使っている）。でも、事情の説明があれば、メンバーも前向きに受け止めていたと思うんです。説明しなかったのは、何か理由があったのですか？（なぜを繰り返すテクニックで深層課題の深掘りをしている）」
Bさん「みんな忙しいし、あまりくどくど説明するのもどうかと思って。でも今回のような大きな方針変更では、もっとしっかりと説明するべきでした」
Aさん「Bさんの指示はいつも無駄がなく、私もメンバーも動きやすいと思っています。ただ今回のように、時々ではありますが、もっと説明してほしいな、と感じることもあるんです……（今回の事象だけではなく、普段の行動改善に繋がるよう、もう一段階、掘り下げようと試みている。しつこいと思われかねない難しいところなので、ポジティブフィードバックでワンクッション入れている）」

【解説】
スケジュール変更の説明不足について問題意識を伝えるだけであれば比較的容易です。しかし今回は、今後の行動の改善要求までしようとしているところに難しさがあります。上司のコーチャビリティや対話の雰囲気を踏まえながら、状況が悪いようであれば、当初の目的に固執せず途中で切り上げることも視野に入れて慎重に進めるシチュエーションです。

〈カサ：打ち手への導き〉
Bさん「そうか……。自分は指示や説明はできる限りシンプルにしようと思っていたんだけど、しっかり説明しなければいけないこともシンプルにしすぎてたところがあったのかもしれませんね……」

Aさん「何か、ストレートにお伝えしすぎてすみません……。でも受け止めていただいてありがとうございます！」

Bさん「いやいや、言いにくいことを伝えてくれてありがとう。今後は重大な事柄はしっかりと説明するようにするよ。メンバーが動揺したり混乱したら元も子もないからね」

Aさん「メンバーも喜ぶと思います。ありがとうございます！」

【解説】

深層課題が割とシンプルなので、あまり内省のステップなど入れずとも、スムーズに打ち手にたどり着くことができました。

上司への改善要求のギャップフィードバックには大きなためらいが伴います。しかし今回のように勇気を持って伝えることで、上司であっても成長に繋がります。

■ケース2：「同僚から同僚へ」の重めのギャップフィードバック

AさんとBさんの役割を決めて、同僚から同僚へのギャップフィードバックを実施してください。

【伝え手Aさんと受け手Bさんの設定】

Aさん（伝え手）とBさん（受け手）は勤続4年目の同期社員。同じ部署でお互いに気心の知れた仲です。

Bさんは、仕事はきっちりやり遂げたいタイプなので、常に問題意識を持って仕事に取り組んでいます。ただ、それだけに細かいことが気になり、会社への愚痴や不満を口にしてしまうことがあります。Aさんを含む職場のメンバーは、Bさんの愚痴や不満は深刻なものではなく、一種の癖のようなものだと思っています。

最近、Bさんは新入社員Cさんのメンターに任命されました。Cさんは仕事に前向きで、Bさんは Cさんの育成にやりがいを感じています。

Cさんとの信頼関係が深まるにつれて、BさんはCさんの前でも会社の愚痴や不満を口にするようになってきました。しかし、中身は半分冗談みたいなものなので、Bさんとしては特に深刻な話はしていないつもりです。

【ギャップフィードバックする内容】

最近、新入社員のCさんが仕事に集中できない様子で、頻繁に小さな不平を周囲に漏らすようになってきました。原因を探ると、会社についての愚痴や不満をBさんがCさんに対して頻繁に口にしており、Bさんを慕っているCさんはそれを真に受けてしまっているようです。メンターの影響は大きいため、Aさんは、Bさんに振る舞いに気をつけてほしいと思っています。

【解答例】

〈ソラ：表層課題の合意〉

Aさん「Bさん、今日は時間を取ってくれてありがとう。新人のCさんのことだけど、Bさんの指導のおかげで活躍し始めているね（ラポールビルディングとして軽くポジティブフィードバックを入れている）」

Bさん「うん。だいぶ慣れてきたし、頑張っているみたいだよ」

Aさん「ただ、最近のCさんを見ていると、ちょっと仕事に集中できていないような感じがするんだよね（「Cさんが仕事に集中できていない」ことを表層課題として共有）」

Bさん「え、そうなの？」

Aさん「周りの人たちに、会社への不平を言ったりしてるみたいなんだよね……（さらに表層課題を共有）」

Bさん「ああ、私の影響なのかな」

【解説】

Aさんは「Cさんの前で愚痴や不満は控えるべき」というカサは頭の中にあるのに、あえてそのカサは伝えず、表層課題の共有から入っています。

〈アメ：深層課題の特定〉

Aさん「何か、心当たりはあるかな？（質問により深層課題に導こうとしている）」

Bさん「時々だけど会社の愚痴をCさんの前で口にしてしまっているかも……。でもあくまでも冗談っぽく言っているんだけどな」

Aさん「Bさんの愚痴は半分冗談だってほかのメンバーはわかってるよ（釈明に対して否定せず、共感を示している）。でも新人のCさんが真に受けてしまうのはどうしてだと思う？（質問を繰り返し、深層課題を掘り下げている）」

Bさん「新人にとってはメンターからの影響が大きいからだと思う……」

【解説】

Aさん（伝え手）は巧みに質問を駆使しながら、Bさん（受け手）が「メンターの影響は大きいので、冗談であっても新人の前で愚痴を言うのはよくない」という深層課題に自力でたどり着くのを手助けしています。

〈カサ：打ち手への導き〉

Ａさん「じゃあ、どうしたらいいかな？（受け手が自分で考えるよう内省を促している）」
Ｂさん「新人はメンターの影響を受けやすいってことをしっかりと念頭に置いてＣさんと接するようにするよ。大切な新人を教育する立場として、『半分冗談だから』は言い訳にならないことも肝に銘じておかないとね」
Ａさん「Ｂさんならできるよ。それにメンターをすることは、Ｂさんにとっても学びの機会にもなりそうだね！（期待を伝え、かつ改善後のイメージを想像してもらい、後味よく終わっている）」
Ｂさん「言いづらいことを率直に言ってくれてありがとう！」

【解説】

同期で気心の知れた仲なので、スムーズに対話が進みました。とはいえ、もしも、いきなりＡさんが「新人の前で愚痴を言っちゃだめだよ」と決めつけて忠告したら、「半分冗談だよ！」とＢさんが反発して終わっていたかもしれません。気心の知れた仲とはいえ、対話を雑に進めないように配慮することが大切です。

05

ギャップフィードバックの応用術

ここからはギャップフィードバックについて少し応用的な話をしていきます。

ギャップフィードバックとポジティブフィードバックを組み合わせる

フィードバックを効かせるコツのひとつとして、ギャップフィードバックとポジティブフィードバックを組み合わせるアプローチがあります。このアプローチも、「軽め」と「重め」ではやり方が異なります。

気づき（軽め）のギャップフィードバック

すでに述べたように、気づき（軽め）のギャップフィードバックは、さらっと伝えることが大切です。その後にポジティブフィードバックを付け加えることによって、さらに後味よく終えることができます。

図26 "効く"フィードバックの順序

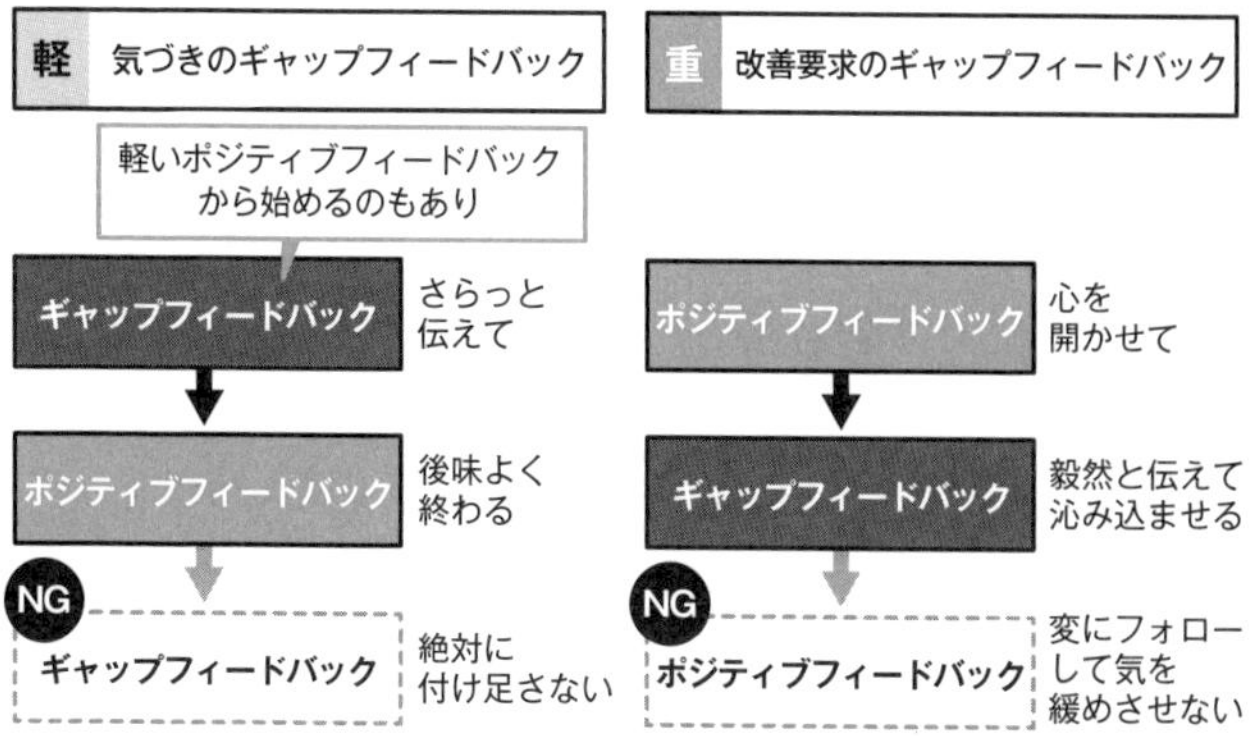

もし気づき（軽め）のギャップフィードバックをするのにもためらいがあるなら（実際、よくあります）、最初に軽いポジティブフィードバックから入るのもよいでしょう。ポジティブ、ギャップ、ポジティブのサンドイッチです。

ただし、最後の最後にまたギャップフィードバックで念を押すのはしつこい印象を与えるので、絶対にNGです。

改善要求（重め）のギャップフィードバック

他方、改善要求（重め）のギャップフィードバックは、最初に軽いポジティブフィードバックで相手の心を開かせるのがコツです。

私がマッキンゼーの若手コンサルタントに言われた、「三村さんはビジネス経験が強みだと思います。加えてファクトとロジックを身につけるともっと強くなると思います」というギャップフィードバックも、本人が意識して行ったのかどうかは別として、「ポジティブフィードバックからのギャップフィードバック」のテクニックが使われていました。

これは先述したラポールビルディング（本題の前に雑談などして、お互いにリラックスした雰囲気をつくる行為）の役割を果たすことになります。心を開かせたうえで、本来伝えなければならない、相手にとっては耳の痛い「改善要求（重め）のギャップフィードバック」をビシッと伝えるのです。

ひとつ注意点があります。改善要求のギャップフィードバックをすると、少なからず相手は動揺するはずです。そんな時に相手をなぐさめようと最後にポジティブフィードバックを付け加えるのは禁物です。これではギャップフィードバックを受けたのか、ポジティブフィードバックを受けたのか、相手はわからなくなってしまいます。相手の気持ちが緩んでしまい、本来、逃げずにやり遂げてほしい改善要求がぼやけ、結果として行動の改善に繋がりにくくなってしまうためです。

要求した改善内容を重く受け止め、実際に行動に移してもらうためには、多少気まずさが残ったとしてもギャップフィードバックで終えるようにしてください。

理想を共有しながら行う、不足に対するギャップフィードバック

図27を見てください。ここでは以下の3つのフィードバックのパターンが示されています。

① 不足に対するギャップフィードバック

一番オーソドックスなパターンです。現状の仕事ぶりが合格レベルに達していない人に、合格レベルに対して何が足りていないのかを伝えるフィードバックです。これを私たちは「不足に対するギャップフィードバック」と呼んでいます。

② 理想に対するギャップフィードバック

2つめは、現状の仕事ぶりは合格レベルを超えているものの、将来性やポテンシャルを考えれば、まだまだ理想には届いていない人に対して行うフィードバックです。私はこれを「理想に対するギャップフィードバック」と呼んでいます。

部下に対して、あまりギャップフィードバックをしない管理職がいました。「なぜ、あまりギャップフィードバックをしないのですか?」と聞いたところ、「部下がみな優秀なので非の打ちどころがありません。私自身が部下から学ぶことが多いぐらいなんです。だ

図27　不足と理想のギャップフィードバック

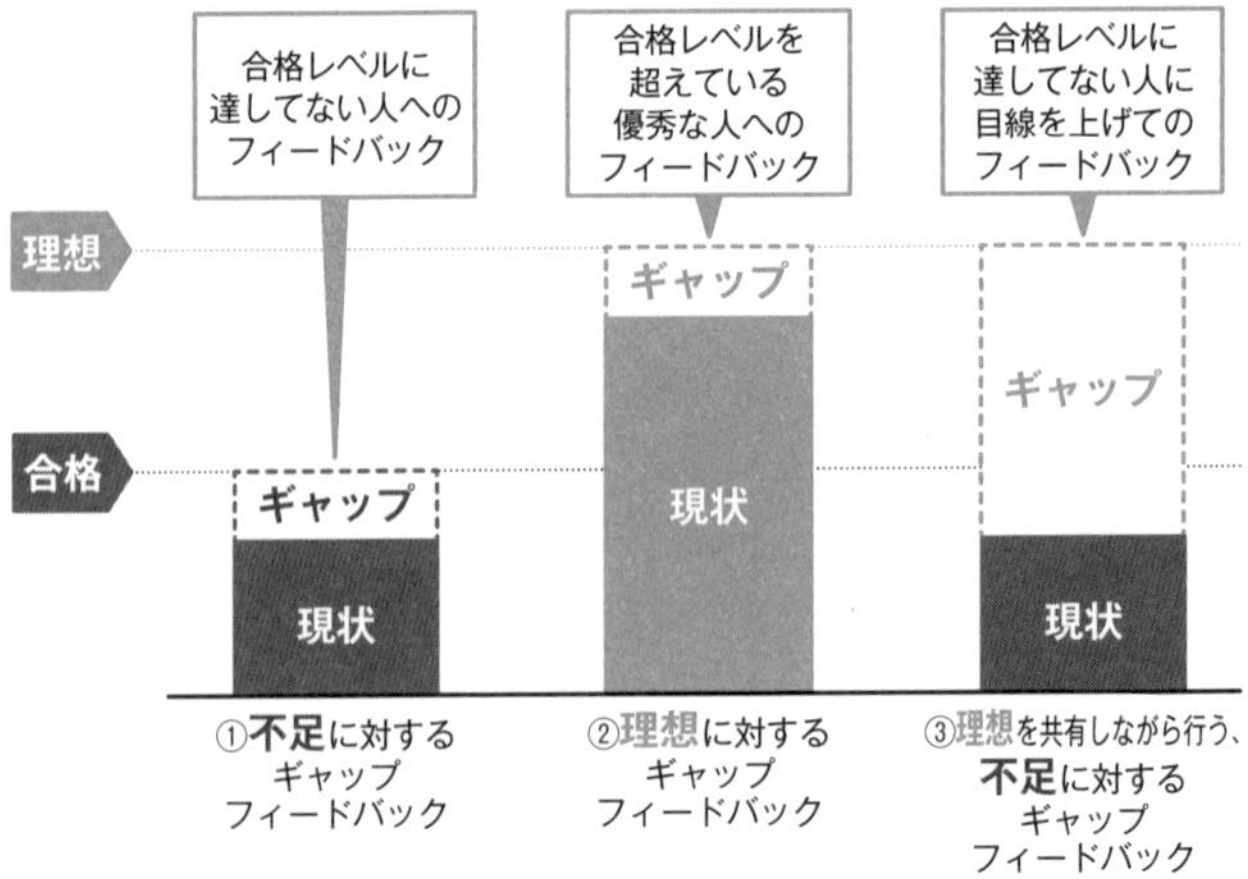

からギャップフィードバックをする機会がないのです」と答えてくれました。

しかし、その管理職の視点からは「一般社員としては優秀」であっても、私から見ると彼ら彼女らには今後、コンカーを引っ張っていくような人材に成長してほしい、そうなるにはまだまだ成長余地を残しているように感じられました。実際、現状に満足しているメンバーも散見され、これでは成長が頭打ちになってしまいます。

その管理職に、「担当としてはみな優秀ですが、成長が頭打ちになっていませんか？それは彼らにとってよくありませんし、仕事に飽きて退職リスクも出てきます。メンバーとキャリアの相談をして、将来のキャリアビジョンに対して足りていない部分をフィードバックしてあげるのはどうでしょうか？」と助言しました。

その管理職にとってギャップフィードバックとは、「現状の職務における合格レベルに達しているかどうか」の視点、つまり前述の「①不足に対するギャップフィードバック」しか念頭になく、「将来の理想像」や「なりたいキャリア像」に対して不足している部分をギャップフィードバックするという視点がすっぽりと抜け落ちていたのです。

その後、その管理職はそれまであまりやっていなかったキャリアディスカッションに積極的になり、「②理想に対するギャップフィードバック」を通じて部下の成長に強く関与するようになったようです。

③ 理想を共有しながら行う、不足に対するギャップフィードバック

そして3つめは少し上級テクニックです。しかし、ややコーチャビリティに難のある人に対しても非常に有効なアプローチなのでしっかり理解するようにしてください。

これは現状の仕事ぶりが合格レベルに達していない人に対して、目線を上げて理想を分かち合いながら、合格レベルの不足を埋めるためのギャップフィードバックです。これを私は「理想を共有しながら行う、不足に対するギャップフィードバック」と呼んでいます。

わかりにくいかと思いますので、実例をベースにお話ししましょう。

コンカーがまだ数十人規模の頃、高いポテンシャルを秘めているにもかかわらず、現状

に安住しているタイプの社員がいました。会社として重要な役割を任せているのに、合格レベルのパフォーマンスを発揮していない。そんな状況を見て、常々私は「ポテンシャルがあるのに、物足りないなあ」と思っていました。

しかし、本人に焦りを感じている様子はまったくなく、仮に私が「あなたは仕事への向き合い方が甘いように見えます」などと「不足に対するギャップフィードバック」を伝えても、効き目はあまりないように思われました。

そこで考えついたのが、「③理想を共有しながら行う、不足に対するギャップフィードバック」です。つまり、「①不足に対するギャップフィードバック」と「②理想に対するギャップフィードバック」の合わせ技です。

本人に直接的に「①不足に対するギャップフィードバック」はせずに、つまり本人のパフォーマンスが合格レベルに達していないことはあえて伝えずに、こう語りかけたのです。「あなたのポテンシャルは本当に高い。それは私だけでなく、会社の誰もが思っていることです。そのポテンシャルを活かして成長してくれれば、将来は会社の大きな部門を任せる管理職になってもらえるはずです。あなたはどのようなキャリアを目指したいですか?」と問いかけました。

すると、彼は目を輝かせて、「ありがとうございます。自分は管理職を目指しているので、そのように期待されて嬉しいです。ただ、まだまだ自信がないので、今のうちにもっと成長したいです」と答えてくれました。

「じゃあ、今のあなたの仕事に対する向き合い方は、どうですか？　本来のポテンシャルを発揮していないように見えることがあります。今のままでそういうキャリアビジョンの実現に繋がっていくと思いますか？」

私の問いに対し、彼は「繋がりません」と努力不足を認め、その後は仕事への向き合い方を改めてくれました。

この「③理想を共有しながら行う、不足に対するギャップフィードバック」はコーチャビリティが低く、ギャップフィードバックが耳に入らない相手によく効きます。プライドが高くて、他者から否定されるようなことを言われたくない、と思っている人でも、その人の理想を共有しながら行うので、「不足を指摘された」と防御的な気持ちにならないですむのです。

使いこなすには慣れが必要ではありますが、習得すれば、フィードバッカーとしての〝決め技〟がひとつ身についたと言えるでしょう。

コントロール可能なことと不可能なこと

これまで、さまざまな視点からギャップフィードバックの進め方を見てきました。ギャップフィードバックの「ソラ・アメ・カサ」も絶対に失敗しない完璧なフレームワークではありませんし、事前にいくら頭の整理をしてからギャップフィードバックに臨んだとしても、必ず成功するとは限りません。

以前、フィードバック研修で参加者のひとりから「いくら丁寧にギャップフィードバックをしたとしても、受け入れてくれなさそうな人がいます。どうすればいいでしょうか？」という質問を受けました。

私は「コントロールできることと、コントロールできないことを分けて考えましょう」と答えました。

世の中には、コントロールが可能なことと、コントロールが不可能なことがあります。コントロールできないことをコントロールしようとすることほど無益なことはありません。

ギャップフィードバックについて言えば、相手の成長を願うマインドを持つ、事前に準備やシミュレーションをする、相手の言い分にも耳を傾ける、といったさまざまなスキルは自分で向上させることができます。つまりコントロールが可能ですから、これらのスキルはどんどん高めていくべきです。

けれども、磨き込んだスキルを総動員したとしても、相手のコーチャビリティがあまりにも低い場合は、ギャップフィードバックは通じません。そして残念ながら、フィードバックする側は、相手のコーチャビリティをその場でコントロールすることはできないのです。

コーチャビリティについて触れる第4章で詳述しますが、コーチャビリティの低い人は、他者からのギャップフィードバックを受け入れることができず、結果的に成長が持続しないという不利益を被る可能性があります。しかし、それはあくまでも本人の問題であり、自分でコーチャビリティを高めようとしない限り、状況は改善しません。

したがって、コーチャビリティが著しく低い人に対して、あなたのギャップフィードバックが通じなかったからといって、自信を失う必要はありません。繰り返しますが、コーチャビリティの低さは相手の問題であり、あなたにはどうしようもないのです。そのような人はあなただけでなく、周囲からのフィードバックに耳を貸そうとしないため、残念ながら組織においてどこかで行き詰まる可能性が高いでしょう。

「馬を水辺に連れて行くことはできても、水を飲ませることはできない」という格言の通り、フィードバックすることはできても、それを受け入れるかどうかは本人次第なのです。人生、あきらめも大切です。自分がコントロールできることに集中し、コントロールできないことには頭を悩ませすぎないようにしましょう。

第 4 章

コーチャビリティを身につける

01 フィードバックの受け手としての能力、コーチャビリティ

コーチャビリティとは

「コーチャビリティ」という言葉を初めて耳にしたのは、コンカー創業から2年ほど経った頃、営業部門の責任者を外部から採用した時のことでした。非常に重要なポジションなので、国内で30～40人と面接をして候補者を数人に絞り、アメリカ本社の最終面接に送り込みました。

その時、最終面接を担当した本社の米国人の上司が最も重視していたのが、候補者たちのコーチャビリティです。「この候補者はコーチャビリティが低いのでダメだ」とか、「この候補者は営業ヘッドとしての実績は少ないが、コーチャビリティが高いので伸びる」などと、耳慣れない「コーチャビリティ」という言葉を頻繁に使うのです。そこで私が「コーチャビリティとは何のことですか?」と聞き返すと、本社上司は「他者からの助言をち

ゃんと聞き入れる能力のことだよ」と教えてくれました。

本社上司は、過去の履歴書上の実績よりも、コーチャビリティを重視していました。外部から入社したら新しい環境に早く適応しなければなりません。どんなに華やかな実績を持っていても、過去の実績を鼻にかけ、新しいやり方を拒絶しては困りますし、そもそも履歴書はある程度の〝お化粧〟ができてしまいます。それよりも大切なのは新しい環境において、前職にはなかった考え方ややり方に早くキャッチアップする柔軟な適応力です。

特に最初の時期は失敗することもたびたびあるでしょう。そんな時にコーチャビリティが高ければ、周囲の助言を素直に受け入れ、早い段階で結果を出せるようになります。

「コーチャビリティの低い人物、つまり、なまじ過去に実績があるがために、これまで成功してきた自分のやり方や考え方に固執するような候補者は見送るべきだ」というのが本社上司の採用の原則だったのです。

私がコンカーに採用される際にも、私のほかに外資系ＩＴ企業で社長経験のある候補者が何人もいたそうです。その中で社長経験のない私が抜擢されたのは、コーチャビリティの視点での評価が大きかったのだと、後に本社上司から聞かされました。

最終的に採用された営業部門の責任者は、本社上司の厳しいコーチャビリティのチェックに耐えただけあり、営業管理職としての経験が極めて豊富であるにもかかわらず過去のやり方に拘泥《こうでい》せず、常に新しいことを学ぶ姿勢に富んでいます。私からの助言はもちろん、

図28　コーチャビリティとは

コーチャビリティ

他者からの助言に心を開き、
時には苦言すらも自己の成長に転化できる能力

コーチャブル	**アンコーチャブル**
好循環 成長 ▶ 成果 ▶自信	**悪循環** 停滞 ▶ 不満 ▶退場・逃避

部下からの率直なフィードバックに対しても、「部下からのフィードバックは、ホンマに学びが多いんですわ」といつも前向きに受け止めています。

　もっとも、私自身がコーチャビリティの重要性に本当の意味で気づいたのは、先述の通り、フィードバックの阻害要因について深く考えていた時です。ギャップフィードバックにためらってしまう時があるのは、伝え手の問題というよりは、受け手の問題なのではないかという仮説を持ち、社員へのアンケートなどで検証した結果、その確信を深めました。

　その時になって初めて、「あの時、本社上司がこだわったコーチャビリティという言葉」と「フィードバックにおける受け手側の問題」が結びついたのです。

　改めて定義すると、コーチャビリティとは、

「他者からの助言に心を開き、時には苦言すらも自己の成長に転化できる能力」のことです。

コーチャビリティは名詞ですが、これを形容詞にするとコーチャブル（Coachable）、否定の形容詞ではアンコーチャブル（Uncoachable）になります。

コーチャブル（Coachable）な人

コーチャビリティが高い人、つまりコーチャブル（Coachable）な人は、平たく言えば素直な人です。他者からの助言を、スポンジのように素直に受け止めて自己の栄養分にし、早いペースで成長し、そして高い成果を上げます。そして高い成果に自信を得て、さらに成長するという好循環の波に乗ることができます。

仕事のできる人たちは、過去に出会ってきた人々を思い返しても、その多くがコーチャブルな人たちであり、周囲の助言に素直に耳を傾けていたように思います。

スポーツ界でも素直さは重要な資質と認識されているようです。以下はシドニー五輪の女子マラソン金メダリストであるQちゃんこと高橋尚子さんの指導者であった小出義雄氏の書籍からの引用です。高橋選手の強みはコーチャビリティの高さである、という趣旨の内容です。

強くならない子は、自分の心を閉ざしてしまっている。いくら私の経験で強くなるように指導してあげても、扉を閉めているから入っていけないのだ。

高橋はいつも開けておいてくれるから、私がいうと心にスーッと入っていって、大きくなる。またいうと、また大きくなる。どんどん、どんどん大きく伸びる。

高橋の強さの秘密は、そんな素直さなのだ。

『君ならできる』小出義雄（幻冬舎）

アンコーチャブル（Uncoachable）な人

これに対し、コーチャビリティが低い人、つまりアンコーチャブル（Uncoachable）な人は、平たく言えば頑固な人です。他者からの助言に耳を塞いでしまうため、成長が停滞しがちです。成長しないので、仕事の成果も頭打ちになります。そういう状況に本人は不満を感じますが、自分の力だけでは成長に限界があるため、次第に現実から逃避し始めます。その結果、停滞は解消されず、不満がますます募るという悪循環に陥ってしまいます。

成長意欲と忌避の関係性

個々人のコーチャビリティを決める要素は、性格や気質など無数にあります。そこをあえてコーチャビリティを構成する要素を抽象化してシンプルに考えてみると、「**成長意欲**

の高さ」と**「忌避＝耳の痛い話から逃げたくなる気持ち」**の2つに分解できます。ここからはこの2つの要素を軸に、コーチャビリティを紐解いていきましょう。

【コーチャブルな状態】

コーチャブルな状態とは、成長意欲が忌避の気持ちを上回っている状態。つまり**「成長意欲」＞「忌避」**の状態です（P192 図29左側）。

誰しもが耳の痛い話を聞きたくありません。しかし、「フィードバックを受け入れることによって、自分を成長させたい」、そう思えるからこそ、耳の痛い話にも向き合うことができるのです。つまり「成長」の気持ちが「忌避」を上回っているとき、コーチャブルな状態にあると言えます。

アリとキリギリスの寓話にたとえると、アリのマインドです。今、辛くても将来のために頑張るマインドです。

成長は「自分」という「最も大切な自己資本」を増やしてくれるものです。その「自己資本」は、将来にわたり大きなリターンとなります。耳の痛い話に耳を傾けることで、長期で得をするのは結局は自分なのです。

図29　成長意欲と忌避の関係

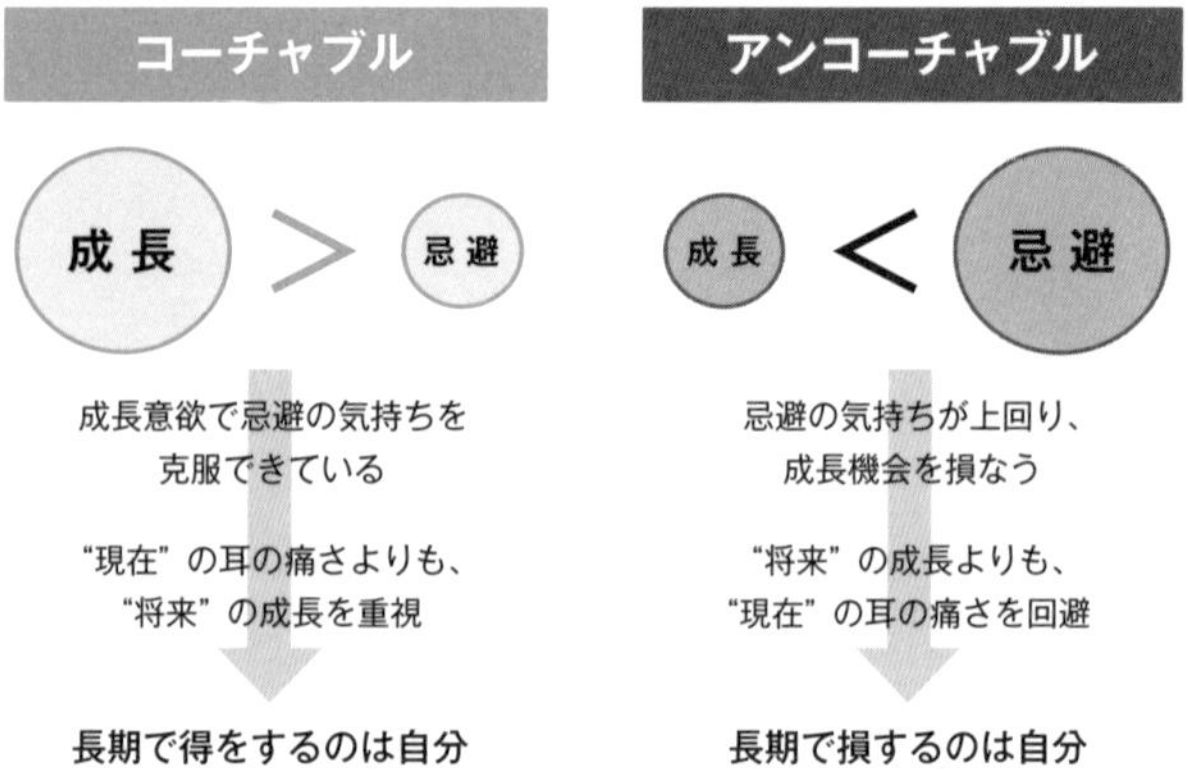
コーチャブル
アンコーチャブル
成長
忌避
成長
忌避
成長意欲で忌避の気持ちを
克服できている
“現在”の耳の痛さよりも、
“将来”の成長を重視
長期で得をするのは自分
忌避の気持ちが上回り、
成長機会を損なう
“将来”の成長よりも、
“現在”の耳の痛さを回避
長期で損するのは自分

【アンコーチャブルな状態】

アンコーチャブルな状態とは、忌避の気持ちが成長意欲を上回っている状態。つまり「成長意欲」<「忌避」の状態です（図29右側）。

「忌避」の気持ちが強すぎて、「成長」の気持ちを上回ってしまうと、アンコーチャブルな状態に陥ります。将来的に成長することで得られる長期的なリターンよりも、目先の「痛み」から逃げようとしてしまいます。

アリとキリギリスの寓話にたとえると、キリギリスのマインドです。将来のことよりも、今の気楽さを優先してしまうマインドです。

目先の耳の痛い話から逃げられるので、短期的にはよいかもしれません。しかし、長期的には成長が低迷し、悪くすると、昇進できない、給与が上がらないなど、キャリア上のリスクに繋がりかねないなど自分の不利益に繋がることを理解しておくべきです。

セルフチェック4：コーチャビリティ（受け手力）を測定する

ここではあなたのコーチャビリティの高さを自己診断してみましょう。

あなたの「成長意欲」と、改善すべき点を他者から指摘された時の「抵抗感」を図30（P194）を見ながら1～6点で評価し、結果を図31（P195）の「フィードバックの受け手力マップ」にプロットしてください。

コーチャビリティの4タイプ

図31は、セルフチェックの回答をベースに、コーチャビリティに着目した4つのタイプを示したものです。

【右上：A 高成長タイプ】

まず右上の「高成長タイプ」は、高い目標を掲げ、ギャップフィードバックを栄養にしてどんどん成長していく人です。

図30　ギャップフィードバックに関する自己評価

	成長意欲
6	常に成長を意識し、行動を起こしている
5	常に成長を意識している
4	時々、自分の成長のことを考える
3	自分の成長のことを普段あまり考えない
2	自分の成長にはあまり関心がない
1	自分の成長にはまったく関心がない

	他者から改善点の指摘を受けた時
6	滅多に抵抗感を感じない
5	多くの場合、抵抗感を感じない
4	抵抗感を感じるが、感じない時の方が多い
3	抵抗感を感じないこともあるが、感じる時のほうが多い
2	いつも抵抗感を感じる
1	いつも強い抵抗感を感じる

成長が自信に繋がり、自信がさらなる成長へと繋がっていく好循環の波に乗ってどんどん活躍してください。

　とはいえ、このボックスの中でも左下のスコアの人（成長意欲や抵抗感の点数が4点）と右上のスコアの人（成長意欲や抵抗感の点数が6点）ではコーチャビリティに大きな違いがあるはずです。「高成長タイプ」に入ったことに満足せず、ぜひともさらなる高みを目指していただきたいと思います。

【左上：B　伸びるのに損をするタイプ】

　左上の「伸びるのに損をするタイプ」は、成長意欲は高いにもかかわらず、ギャップフィードバックから逃げてしまう人です。

　せっかく高い成長意欲を持っているのに、「他者からのフィードバック」というまた

図31　フィードバックの受け手力マップ

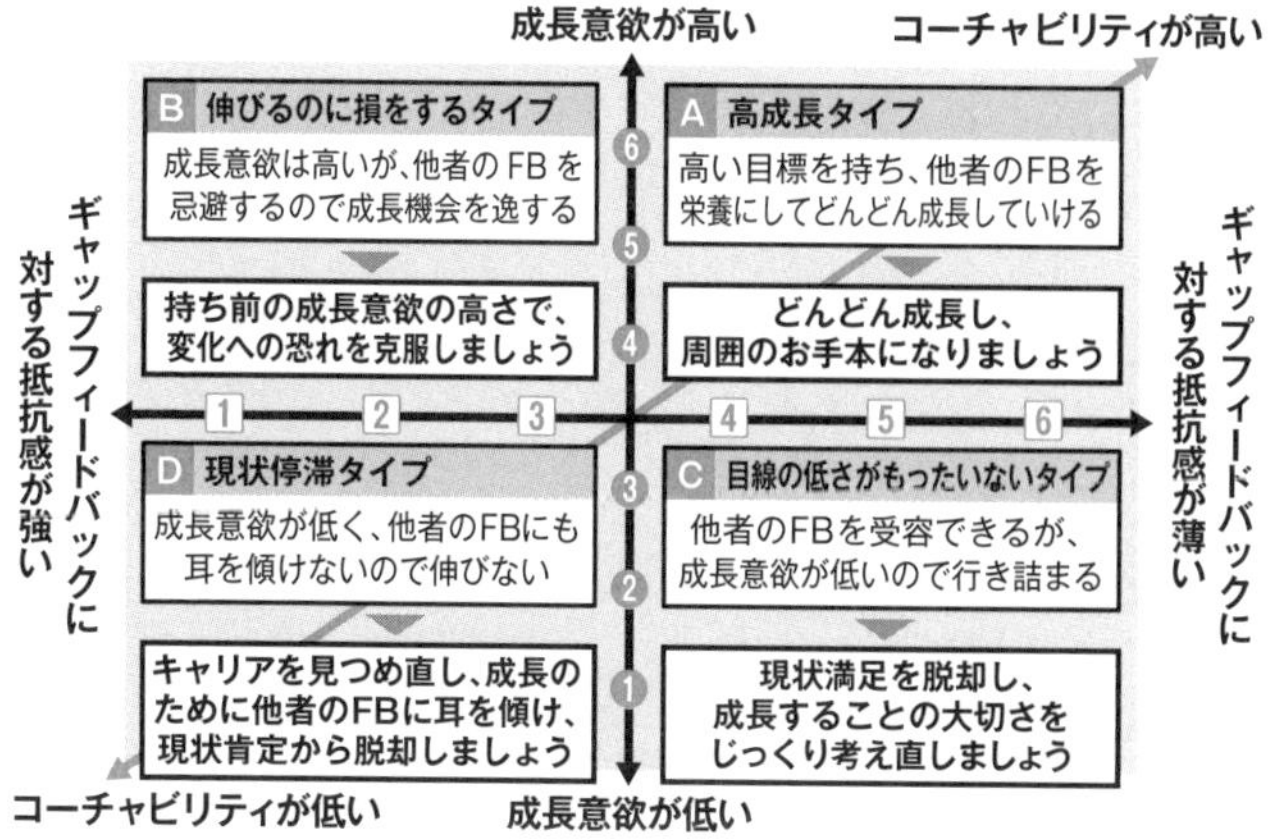
成長意欲が高い
コーチャビリティが高い
B 伸びるのに損をするタイプ
成長意欲は高いが、他者のFBを忌避するので成長機会を逸する
持ち前の成長意欲の高さで、変化への恐れを克服しましょう
A 高成長タイプ
高い目標を持ち、他者のFBを栄養にしてどんどん成長していける
どんどん成長し、周囲のお手本になりましょう
ギャップフィードバックに対する抵抗感が強い
ギャップフィードバックに対する抵抗感が薄い
1
2
3
4
5
6
D 現状停滞タイプ
成長意欲が低く、他者のFBにも耳を傾けないので伸びない
キャリアを見つめ直し、成長のために他者のFBに耳を傾け、現状肯定から脱却しましょう
C 目線の低さがもったいないタイプ
他者のFBを受容できるが、成長意欲が低いので行き詰まる
現状満足を脱却し、成長することの大切さをじっくり考え直しましょう
コーチャビリティが低い
成長意欲が低い

とない成長のきっかけに耳を塞いでしまうので、成長機会を逸しています。つまり損をしているということです。私の経験上、このタイプの人は非常に多く、おそらく本書の読者の中にもたくさんおられると思います。

　このタイプはコーチャビリティを高めるポテンシャルを秘めています。成長意欲が高いという優れた資質を持っているので、他者からの指摘に耳を傾けられるようになりさえすれば、早い段階で「高成長タイプ」への移行が可能です。

【右下：C 目線の低さがもったいないタイプ】

　次に右下の「目線の低さがもったいないタイプ」。これは、ギャップフィードバックに対する抵抗感は薄く、素直に耳を傾けられるものの、成長意欲が低い人です。このタイプの人は、他者から何か指摘されると、「ありがとうございます！」「いつも勉強になります！」などとわりあい素直に応じますが、現状に満足しているため、話を聞きっぱなしにし、指摘された内容を自身の成長に繋げるのが苦手です。せっかくコーチャブルなのに、成長が停滞してしまうため、もったいないです。

現状に満足して成長しないと、今はよくても将来的にキャリアの壁にあたる可能性があります。せっかく持っている「素直さ」は貴重な資質です。自分のキャリアのビジョンを描き直すなど、成長意欲を刺激して、周囲からもらったフィードバックを成長に転化することを心がけましょう。

【左下：D 現状停滞タイプ】

左下の「現状停滞タイプ」。これは成長意欲が低く、しかも他者からのギャップフィードバックに耳を貸そうとしない人です。ビジネスパーソンとしては人材価値が低下しており、将来性にも黄色信号が灯っている状態だと言わざるを得ません。今の姿勢に強い問題意識を持つべきです。成長意欲を高め、フィードバックに耳を貸せるようになり、このタイプからは1日も早く脱却するようにしましょう。

ストレスを感じるのは自然な反応

ここまで本書を読み進め、「ギャップフィードバックを受けるシーンを想像すると気が滅入る。いくらコーチャビリティが大切と言っても、すべてストレスなく受け止められるようになるのだろうか……」と心配する読者の方も多いと思います。

安心してください。ギャップフィードバックを受けた時に、多少なりともストレスを感じるのは極めて自然な反応です。伝え手がいくら配慮してくれても、受け手にしてみれば痛いところを突かれる形になりますから、むしろストレスを感じない方が不自然です。だから、ギャップフィードバックにストレスを感じやすいからといって、自分はコーチャビリティが低いのだと決めつけてしまうのは早計です。

まずは「ストレスを感じることは当たり前」だと思い、そのストレスを受け入れてください。人前でのスピーチやプレゼンの時に緊張してしまう〝あがり症〟に対処するコツは、緊張をなくす努力をするのではなく、緊張している自分を受け入れることと言いますが、これと同じ考え方です。ストレスにしても、緊張にしても、自分の意志でコントロールできないものは受け入れて、そのうえでの前向きな対処をすべきです。そのためには、ギャップフィードバックを受けた時に自分が示しがちなネガティブな思考や行動の傾向を知っておくのがよいでしょう。防御的になって言い訳を繰り返したくなるのか、直情的にカッとなって頭に血が上るのか、他者に責任を押しつけて逃げようとするのか、自分を責めてしまうのか、問題をすり替えてごまかしたくなるのか、そういった傾向を普段から自覚しておくことによって、ストレスを感じることはコントロールできなくても、ストレスから生じるネガティブな思考や行動をコントロールすることができるはずです。性格は変えられなくても、思考や行動は変えられるのです。

私自身、部下からちょくちょくギャップフィードバックを受けます。その中でもある本部長は年に数回ギャップフィードバックをくれます。その本部長との1on1では、毎回事前に議論すべき論点（アジェンダ）を送ってもらっているのですが、その論点の中に「フィードバック」と書かれていると、偉そうにフィードバックの本を書いている私ではありますが、多くの方と同様にストレスを感じます。でもストレスを感じるからといって逃げたりはしません。むしろ「耳の痛い話だろうけど、前向きに受け止めよう」と心のスイッチを入れるようにします。

フィードバックを受けた時のネガティブな反応として、私の場合、くよくよと自分を責めてしまう傾向があるのを知っているので、「フィードバックを受けたからといって過剰に落ち込む必要はない。これで一歩成長できるんだ」と自分に言い聞かせて落ち着くようにしています。

ちなみに、社長になってまでフィードバックされて気の毒だと思う読者の方もいらっしゃると思います。しかし、「フィードバックは私を成長させてくれる。裸の王様にならないように、部下からの諫言《かんげん》に素直であり続けよう」と心に誓っているので、気の毒どころか、恵まれているとすら思っています。

「自分は欠点のない人間だから、フィードバックは必要ない」と思っている経営者、管理職、ベテラン社員は要注意です。それは傲慢《ごうまん》というものであり、せっかくの成長機会を自ら拒んでいると考えるべきです。

すべてを受け止める必要はあるのか

この章の02で、どのようにコーチャビリティを高めるかを見ていきます。ただその前に申し添えておきたいことがあります。ギャップフィードバックの受け手は、やみくもにすべての指摘や助言を受け入れる必要はなく、時には受け入れない権利もあるということです。

私の体感値では、ギャップフィードバックのうち、「A：すんなり心に入ってくるもの」は2割ぐらい、「B：多少なりとも抵抗を感じるもの」が7割ぐらい、「C：事実や信条に反していて受け入れがたいもの」が1割ぐらいあるものです。

この「C：事実や信条に反していて受け入れがたいもの」まで、無理に受け入れなければばならないのか？　大人として譲歩できるラインは譲歩するにしても、限界があるはずです。譲歩の限界を超えたものまで受け入れる必要はありません。

たとえば、「数字が第一」を信条とする上司から、「○○さんは顧客の満足感を気にしすぎです。そこは目をつぶって、とにかく数字を上げることに集中するように」というギャップフィードバックを受けたとします。

この場合、上司の信条に賛同するのであれば、助言として受け入れればいいでしょう。しかし、「数字よりも顧客満足が第一」という信条を大切にしており、自分としてはそこは譲れないと考えているのであれば、フィードバックを受け入れない選択肢もありです。反論すると話がこじれてしまうため、「ありがとうございます。努力します」など感謝の意だけ伝えて聞き流し、自分の信条を曲げずに引き続き最善を尽くせばいいのです。

ビジネスの世界では、しばしば「数字を優先すべきか、それとも顧客満足を優先すべきか」のように価値観の違いから生じるジレンマに直面します。そうした際に問われるのは自身の信念であり、ギャップフィードバックを受け入れずに信念を貫いたとしても、コーチャビリティが低いことにはなりません。

信条にずれがあると、どこかで折り合えない日が来るかもしれません。その場合、上司の信条とのずれであれば部門異動を希望する、あるいは、もしも会社全体の信条とのずれが埋めようのないものなのであればキャリアを見つめ直して転職を検討するなど、自分が大切にしている信条を守り続けられる環境を探すべきでしょう。

また意外とよくあるのが事実誤認や伝え手の偏った主観によるフィードバックです。フィードバックする側が頭から決めつけてしまって、いくら説明しても誤認を受け入れてもらえない。そんな時も不毛な議論はどこかであきらめ、「ありがとうございます」と謝意を伝えて実際には聞き流すのも賢い対応と言えるでしょう。

コーチャビリティの高い人と低い人の差

事実や信条に反するフィードバックは受け入れない権利があると言いました。しかしコーチャビリティの高い人と低い人では、フィードバックの許容度に大きな違いが生じます。

【コーチャビリティの高い人】

コーチャビリティの高い人は2割の「A：すんなり心に入ってくるもの」はもちろん、7割の「B：多少なりとも抵抗を感じるもの」も、抵抗感をコントロールする努力をして受け入れられます。結果として、フィードバックの9割を受け止められます。

【コーチャビリティの低い人】

一方、コーチャビリティの低い人は、2割の「A：すんなり心に入ってくるもの」は受け入れるものの、7割の「B：多少なりとも抵抗を感じるもの」から逃げてしまいます。結果として、フィードバックで受け入れられるのは、〝耳が痛くない〟わずか2割程度の「A：すんなり心に入ってくるもの」に限られてしまい、せっかくの成長機会を逃すことになります。

「C：事実や信条に反していて受け入れがたいもの」は受け入れない権利があると言ったものの、コーチャビリティが低い人は受け入れない範囲が広がってしまいがちです。「信条に反するので受け入れない」のか、それとも単に忌避の気持ちから生じる、「耳に痛いから受け入れたくない」のか、この2つを混同しないように注意すべきです。

02

コーチャビリティの高め方

ここからはどのようにしてコーチャビリティを高めていけばよいのかを見ていきましょう。

忌避の気持ちではなく、成長意欲をコントロールする

「逃げたい」という忌避の気持ちが、「成長したい」という成長意欲を上回ってしまっている、つまり「成長意欲」<「忌避」だと、アンコーチャブルな状態に陥ります（P204 図32上部）。

ここからコーチャブルな状態に変わるには、「成長意欲」>「忌避」の状態にすればよいわけです。考えられるアプローチは2つです。

A：成長の気持ちを大きくする

図32　コーチャブルな状態になるには

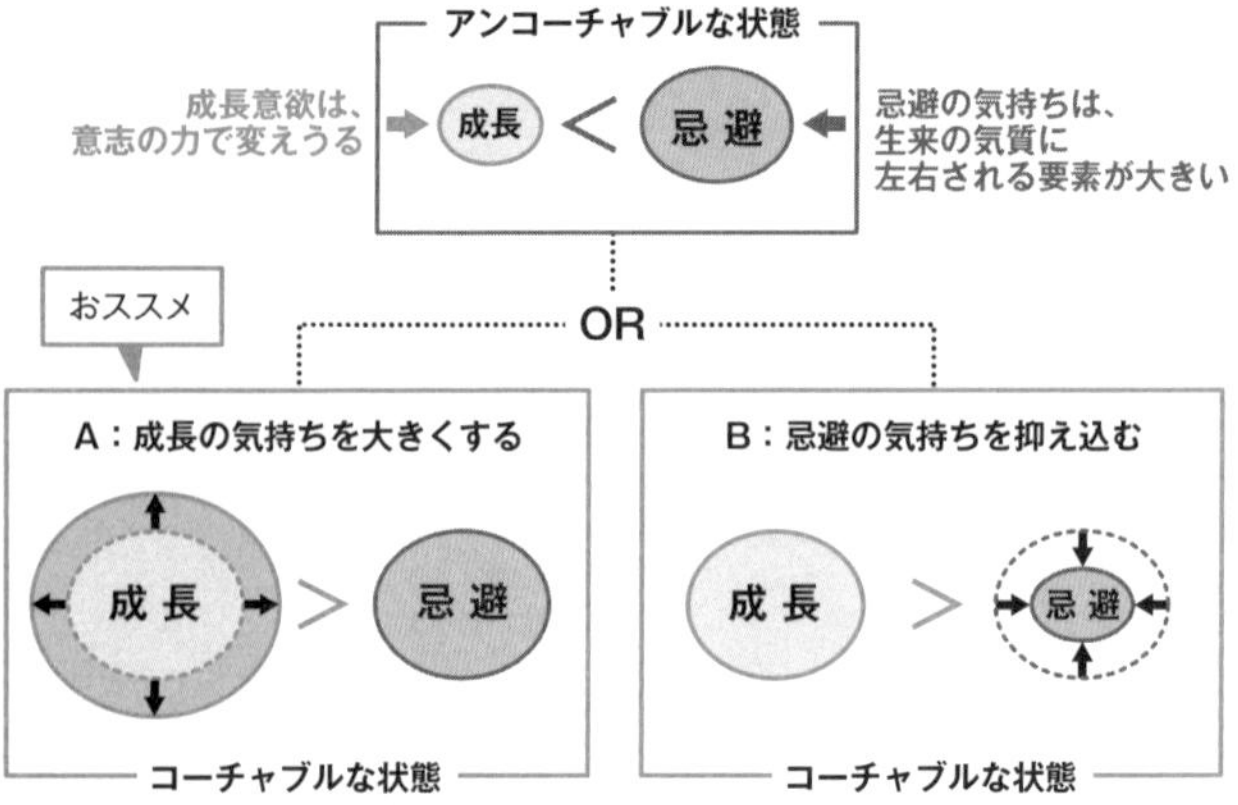

または

B：忌避の気持ちを抑え込む

　もちろん、Cとして「A：成長の気持ちを大きくしつつ、B：忌避の気持ちを抑え込む」という合わせ技は有効ですが、どちらか一方のアプローチに軸足を置くとしたら、私のお勧めは「A：成長の気持ちを大きくする」です。

　忌避の気持ちが強いのは、生来の気質によって生じた反応である可能性が高く、これを自分の意志でコントロールするのは容易ではありません。だから、忌避の気持ちを無理に抑え込もうとするのではなく、いったん受け入れましょう。前述したように、あがり症を克服する方法は、緊張を無理に抑え込もうとするのではなく、受け入れることだとよく言いますけれども、それと同じです。

他方、成長意欲は自分の意志によってコントロールすることができます。5年後、10年後に自分はどんなキャリアを歩んでいきたいのかを内省し、自身の「ありたい姿」を明確に意識することによって、さらに成長してその姿に近づきたいという意欲は高まっていくはずです。

私の受け止め方を例としてお話しします。コンカーでは「コンストラクティブ・フィードバック」という制度で、社員から会社の改善点を集める調査をしています。この調査は回答必須なので、全社員分のさまざまな問題意識が寄せられます。正直なことを告白すると、この調査結果を見ることには非常に強いストレスを感じます。

社員のためによかれと思ってやっていることも、一部の社員はマイナスに受け止めていることがあり、正直、そのような声を目にするとへこみます。ただし、へこみそうになった時、こう考えるようにしているのです。「問題を指摘されたと思って落ち込むのではなく、改善機会や成長機会を教えてもらえたんだ。そう考えるようにしよう」と。つまり「成長意欲」を刺激して、**「成長意欲＞忌避」**の状態を意識的につくり出しているのです。

例をひとつお話しします。コンカーでは4半期に一度、全社員が必須で参加するオールハンズミーティングを半日かけて開催し、会社の戦略や事業状況の説明をしています。多くの社員が、「経営状況や経営課題がよくわかる貴重な機会」と受け止めてくれている一方、「半日も拘束されるのは業務に支障をきたすので改善してほしい」といった声が上がったことがあります。「社員のためにと思って、準備にも時間をかけてやっているのに……」と落ち込むのは簡単でした（実際、少し落ち込みました）。しかし、「問題指摘の裏側は改善機会」です。「なかにはそういう声もあるんだな。できる限り圧縮する努力をしてみよう」と前向きに受け止め、分単位で削れるところは削る努力をし続けています。結果として、以前よりも進行がスムーズになり、開催時間も短縮することができました。もしも、社員からのこうしたギャップフィードバックに耳を塞いでしまっていたとしたら、「また、だらだらやってるな」と社員の不満は募っていたことでしょう。

相手のフィードバックを受け入れて自分を変えることは容易ではありません。逃げたい気持ちは誰しもが持つものです。でも、「耳が痛いけど、これは自分の成長のため」と念じながら、自分を変える勇気を持つように心がけてみてください。そうした心がけを続けていれば、習慣化によって、念じなくても相手のフィードバックを受け入れるマインドを獲得できます。それはコーチャビリティが高い人になるということです。そうやってあなたが獲得するコーチャビリティの高さは、あなたを大きく成長させ、仕事でもプライベートでも、あなたの未来を明るいものにすることでしょう。

忌避の理由は傲慢と恐怖

ギャップフィードバックを忌避したくなる気持ちをいきなりコントロールするのは難しいとしても、忌避の理由を掘り下げていけば、コントロールのヒントを見つけることはできます。

ギャップフィードバックを忌避する人の性格的な特徴として、「傲慢」と「恐怖」があります。人によって、どちらかの特徴しか持たない人もいれば、両方の特徴を持った人もいます。

傲慢さが邪魔をしてフィードバックを受け入れられない人

ギャップフィードバックを拒絶してしまう人の典型が、傲慢なタイプです。傲慢な人の中にもさまざまなタイプがいます。

・自分自身に過剰な自信を抱いており、他者からのフィードバックなど聞いても自分の役に立たない、と思っている人
・プライドが高く他者からのフィードバックを聞くなんて自分のプライドが許さない、と

思っている人
・自分は絶対に正しい、間違いを犯すなどありえない、と思っている人

身の回りにもこのような性格的な特徴を持った人がいるのではないでしょうか？　こうした人たちは周囲から「頑固な人」と思われ、意見する人や助言する人がいなくなっていきます。

処方箋は極めてシンプルです。「謙虚」になることを心がけることです。具体的には、まず自分自身の性格的な傾向として、「自信過剰」「高すぎるプライド」「独善的な思考」など、「過剰なこだわり」がないかどうか、客観的に振り返ることです。そのうえで性格的な傾向は一朝一夕では直らないので、直さずとも、「自分にはどんなこだわり＝性格的な傾向があるのか」を理解しておくことが大切です。

ギャップフィードバックを受けた時には、こうした性格的な傾向が反射的に湧き上がるはずです。カッとなったり、イライラしたりするかもしれません。でも傾向を理解していれば大丈夫。一度、足りなければ二度三度、深呼吸して、負の気持ちを鎮めてください。

アンガーマネジメントでは、怒りの感情が続くのは6秒間なので、6秒間は負の感情に委ねて直情的に反応せず、一度冷静になるべき、と言われており、これを実践するのもよいでしょう。

傲慢でいることは恥ずかしいこと、頑固なのは損だ、と功利的に考えるのも効果があります。カッとなって心を閉ざさず、「このギャップフィードバックの内容が正しかったら、自分は成長できるだろうか？」と冷静に自問してみてください。多くの場合、「成長できるはずだ」という答えになるはずです。

健全な自尊心を持つことは大切です。しかし、高すぎるプライドは傲慢さと頑固さを生み、あなたの成長機会を奪うことを忘れないようにしましょう。完璧な人間などいない。失敗はつきもの。そう考えられるようになってください。

そのうえで、「あ、今、自分のプライドが邪魔をして耳を閉ざしそうになっているな……」など、第三者的な視点を呼び起こしてください。そうすればニュートラルな気持ちになり、湧き起こった負の感情と、相手が与えてくれたフィードバックの内容を、冷静に切り離せるようになるはずです。

以下のような思考ができるようになれば合格です。

- 自分の考えが常に正しいとは限らない。他者の考えの中に正解があるかもしれない。だからフィードバックを受け入れてみよう！
- プライドが邪魔をして自分の役に立つフィードバックを受け入れないのは損だ。だからフィードバックを受け入れてみよう！

・誤りや失敗はつきもの。自分も例外ではない。自分に誤りがあれば認めて、そこから学べばよい。だからフィードバックを受け入れてみよう！

恐怖が邪魔をしてフィードバックを受け入れられない人

ギャップフィードバックから逃げてしまう人のもうひとつのタイプは、恐怖を感じやすい人です。

・フィードバックを受け入れることは自分自身の否定に繋がるので怖い、と怯えている人
・フィードバックを受け入れることは、他人の言いなりになり、他人に操作されてしまうような恐怖を感じてしまう人
・前向きなギャップフィードバックなのに、責められていると感じてしまう人

自己肯定感の低い人は、ギャップフィードバックに対してこのような反応をしてしまいがちです。自分に自信がないため、傷つきやすく、成長の願いが込められた前向きなフィードバックにすらも恐怖を感じてしまうのです。

これも前項の傲慢さの部分で触れたように、怖さを感じたら深呼吸をして、自分の性格的な傾向を思い出し、「あ、せっかくの前向きなフィードバックなのに、不必要な恐怖を

感じているな……」など、自分の気持ちの反応を客観視できるようになるとよいでしょう。

またギャップフィードバックを受けると、人格否定された気持ちになる人は多くいます。しかし、そこはニュートラルに考え、フィードバックは、「あなたという人格」に対してされているのではなく、「何らかの事象」に対してされていると切り離して受け止めるようにしてください。

自己肯定感は一朝一夕で高まるものではありません。しかし恐怖から逃げてしまうばかりではなく、相手の善意を信頼してみることから始めてみてはいかがでしょうか。そのうえで以下のような思考ができるようになれば合格です。

・フィードバックを受け入れても自分の人格が否定されることにはならない。だからフィードバックを受け入れてみよう！

・フィードバックを受け入れることと、他人の言いなりになることは別。自分の成長のためにもフィードバックを受け入れてみよう！

・自分の成長のためにフィードバックをしてくれている。これは叱責ではないし、責められているわけでもない。だからフィードバックを受け入れてみよう！

傲慢さの陰に隠れた恐怖

傲慢な人は、強気な人に多そうなイメージですが、実はその裏側には、自己肯定感の低さに起因する「恐怖」が隠れていることがあります。他者のフィードバックによって自分が否定された気持ちになるのを、「傲慢さという鎧《よろい》」で身を守り、受けつけないようにしているると言えます。「自信過剰」の裏に「自信のなさ」があるというパラドックスが存在しているのです。

コーチャブルな人は自分自身に自信を持っている人が多いように感じます。他者から課題や弱点を指摘されても、その指摘はあくまでも自分の行動や言動に対してのものであり、自分の人格に対する攻撃と切り離して考えられるようです。このような人たちは、たとえ他者から厳しいギャップフィードバックを受けたとしても、「成長余地に気づかせてもらえた」とか「自分なら改善できる」というふうに、気持ちを前向きに整理できます。フィードバックによって自信を失うこともありません。

前述したように、忌避の気持ちは生来の性格に由来したものなので、抑え込むのは難しいものです。それでも自分自身の性格的な特徴を理解して、数年、あるいは十年、二十年かかったとしても、少しずつ自己肯定感を高め、自信をつけ、素直になるよう心がけてみてはいかがでしょうか。

ネガティブな反応をコントロールする3つのステップ

ここからはギャップフィードバックをスムーズに受け入れるためのコツを「**心構え**」「**傾聴**」「**受け止め**」という3つのステップに分けて解説します。

ステップ1：心構え

ギャップフィードバックを受ける際に肝に銘じておきたいのは、古代ギリシャの哲学者ソクラテスが見出した「**無知の知**」という考え方です。自らの無知を自覚することが真の知恵へと至る道の第一歩です。自分は何でも知っている、自分は間違いなどしない、など、傲慢な考えは捨ててください。「自分は完璧な人間ではない」と自覚し、謙虚な気持ちで相手に対して心を開いてください。

自分から求める

ギャップフィードバックは、必ずしも相手が切り出したから聞くものではなく、時には自分から求めていくべきものです。フィードバックを伝えたくても伝えづらいと多くの人は思っています。そんな時、「今日のプレゼンのフィードバックをいただけませんか」など、自分から求めてみてください。

特に管理職の場合、部下からギャップフィードバックを受ける機会はどうしても少なくなりがちです。1on1ミーティングや面談などの機会をとらえて、部下に「私や部門の運営などに対して、もし気づいたことがあればフィードバックをもらえませんか?」などと尋ねる習慣をつけておくのがよいでしょう。

管理職が部下に積極的にギャップフィードバックを求めることは、「うちの上司は耳の痛い話にも耳を傾けてくれる」との理解が広がり、部門における心理的安全性を高める副次的効果も得られます。これにより組織の風通しがよくなり、ギャップフィードバックだけでなく、チャレンジ精神が養われるなど、多くの前向きな効果を期待できます。

漠然とではなくポイントを絞って聞く

フィードバックを求める時には、「今日は○○についてフィードバックしてほしい」という具合にポイントを絞って聞くことも有効です。たとえば顧客訪問の後で、「今回は資料に魂を込めた。資料のよい点と改善点を知りたい」と思っていたとします。それなのに、「今日のフィードバックをいただけますか?」と漠然と聞いてしまうと、「質問の受け答えで○○にするともっとよくなりますよ」など、自分の聞きたいポイントとは外れたフィードバックが来てしまいかねません。このようにフィードバックを受けたいポイントが明らかな時は「今日の資料についてフィードバックをいただけますか?」と具体的に聞いた方がよいでしょう。

「提供者（Ｗｈｏ）」と「内容（Ｗｈａｔ）」を分けて考える

ギャップフィードバックを受ける時は、「提供者（Ｗｈｏ）」と「内容（Ｗｈａｔ）」を分けて考えることも重要です。

ギャップフィードバックの章で、伝え手のコツとして、「ギャップフィードバックがよく効くかどうかは、伝え手と受け手双方の関係性に左右される。普段から正しい信頼関係、つまり“Right Relationship”を築いておくことが大切」だと述べました。「うーん、耳が痛いけど、信頼してるこの人からの助言だから受け止めなくちゃ」と受け手に思ってもらいましょう、ということです。言い換えると、ギャップフィードバックでは「提供者（Ｗｈｏ）」と「内容（Ｗｈａｔ）」は不可分に受け止められがちなので、伝え手は、受け手にとって正しい「提供者（Ｗｈｏ）」であるよう信頼関係の構築に努めてください、という意味です。

しかし、視点を入れ替えて、受け手側のコツとしては逆になります。「提供者（Ｗｈｏ）」と「内容（Ｗｈａｔ）」をごちゃ混ぜにせず、分けて考えるべきです。現実には、ギャップフィードバックをくれる人が必ずしも信頼し尊敬し合えている相手だとは限りません。あまり信頼も尊敬もしていない人から不意に厳しい指摘を受けるケースもありますし、その場合は、心情的に受け入れにくくなりがちです。「言っている内容は正しいんだけど、この人には言われたくないな」と思って、せっかくのよい内容をスルーしてしまうのはもったいないです。

「この人には言われたくないんだけど、助言してくれた内容は納得できるので受け入れてみよう」という考え方をするべきです。たとえ相手との関係が良好ではなくても、指摘された内容に思い当たるふしがあれば、素直に聞き入れた方がよいでしょう。「Ｗｈａｔ」ではなく、「Ｗｈｏ」にばかりこだわっていると、結局は自分が損をします。

上手に自己暗示をかける

ギャップフィードバックは多少なりとも耳が痛いものです。しかし「良薬は口に苦し」、耳が痛くとも、「このフィードバックを受け止めれば自分の成長に繋がるんだ」と考えることが大切です。そのためにある種の自己暗示をかけるとよいでしょう。

- **課題や弱点を指摘されても「それは自分の〝成長余地〟だ」と言い聞かせる**
- **伝え手は「自分の成長を願っている」と自分に言い聞かせる**

・フィードバックは「批判ではなく助言である」と言い聞かせる

ギャップフィードバックで指摘される課題は成長余地にほかなりません。フィードバックの対話が始まったら、「自分の成長余地を教えてもらえている」と考えましょう。フィードバックを受け入れれば、「成長して自分が得をする」と自己暗示をかけるのです。あるいは、フィードバックを受け入れなければ「自分が損をする」と考えるのもよいでしょう。

フィードバックに対してネガティブな心の反応が起こりそうになったら、相手は成長を願って助言してくれているのであり、批判しているわけではない、そう自分に言い聞かせることが大切です。自己暗示がうまくいけば、耳の痛さは大きくやわらぐはずです。

ステップ2：傾聴

続いて「傾聴」です。ギャップフィードバックが始まったら、何はともあれ、最後まで聞き切りましょう。厳しい指摘をされても、脊髄《せきずい》反射的に心を閉ざしてしまわないこと。反論や言い訳をしたくなる気持ちを抑えて、相手の話に耳を傾け続けてください。

耳の痛い話であっても心を閉ざさない

フィードバックのポイントが的を射ていれば射ているほど耳が痛いものです。痛いところを指摘されて、カッとなったり、イライラしたりという気持ちが湧き起こっても、心を閉ざしそうになっても、深呼吸するなどして理性でコントロールするようにしてください。前述したアンガーマネジメントの6秒間のセオリーも活用してみてください。

反論や言い訳をしたくても最後まで聞く

フィードバックされた内容に事実誤認がある、あるいはやむを得ない事情が伝わっていないなど、フィードバックをさえぎって反論したくなる状況は頻繁に発生するものです。よほど重篤なものでない限り、少し深呼吸して、ちょっと我慢です。途中で話をさえぎってしまうと議論があらぬ方に飛んでしまい、最悪の場合、後ろ向きな水掛け論に陥る可能性もあります。「あれ、ちょっと違うな」と思っても、最後まで聞き切りましょう。

どうしても解きたい誤解があれば、最後に冷静に伝える

そのうえで、どうしても解きたい誤解があれば、相手の話が終わってから、冷静に伝えるのがよいでしょう。想像してみてください。「途中でさえぎって反論する」やり取りはどうしても防御的な反応をしていると伝え手に受け止められてしまいます。それよりも、最後まで聞き終わって（できればひと呼吸置いてから）、「ありがとうございます。ひとつだけ、説明したいことがあるんです」と冷静に事実誤認を正すやり取りの方がはるかに言葉

に重みが出るはずです。

また全部聞き切ってみると、事実誤認の部分は案外、枝葉末節にすぎず、本質的なポイントではないことも多いものです。

「そんなつもりじゃなかったのに」と考えないように努める

またフィードバックされた時に、「そんなつもりじゃなかった」と思うことはしばしばあります。あなたの発言や行動によって、周囲に何らかの迷惑をかけたとします。意図的に迷惑をかけようと思って発言や行動をすることなどないでしょうから、往々にして「そんなつもりじゃなかった」と思ってしまうものです。しかし「そんなつもりじゃなかった」と考え自己を正当化し続ける限り、せっかく相手が建設的にフィードバックしようとしても受け入れることは難しいでしょう。

このような時は、「どんなつもりであったか」という「意図」と、その発言や行動によって引き起こされた「影響」は分けて考えるべきです。

どんな「意図」であったにせよ、結果として周囲に何らかのマイナスの「影響」を与えたのであれば、前向きにフィードバックを受け入れるべきです。

ステップ3：受け止め

最後は「受け止め」です。フィードバックを受け止め、そして成長に繋げてください。

感謝の念を伝える

「空中ブランコ」にたとえたように、ギャップフィードバックは勇気を要する行為です。相手は迷いや葛藤の末に、あえてフィードバックを実行してくれたわけですから、まずは「ありがとうございます」と感謝の意を言葉にして伝えるようにしてください。

役に立つ部分が何であったか自分の言葉で説明する

指摘してくれた内容のうち特に有意義だと感じた点について、「○○という部分が自分の弱点であることがよくわかりました」などというように言葉にして伝えるのがよいでしょう。そうすると、自分の頭の整理にもなるし、ギャップフィードバックがちゃんと届いていることが相手に伝わります。お礼を言っても、「じゃ、これで」とすぐに話を切り上げてしまったら、相手は「本当に伝わったのかな？」とモヤモヤしてしまいます。

聞き流す権利

前述したように、すべてのギャップフィードバックを受け入れる必要はありません。伝え手と受け手の間で信念や信条にあまりにも大きな隔たりがあり、あなたの信念に大きく反するようなフィードバックは聞き流してもよいでしょう。また重大な事実誤認や偏った伝え手の主観がある場合にも、いちいち議論しても不毛だと考えられる場合には聞き流してください。

ただしフィードバックしてくれたことに対する感謝だけは伝えるようにしましょう。

フィードバックを成長の糧にするかどうかは自分次第

ここまでコーチャビリティについて学びました。これらの考え方を通じて、フィードバックを受け止めることの大切さやコツを理解していただけたかと思います。しかしフィードバックを受け入れること、そのこと自体はゴールではありません。フィードバックを受け入れても、成長に転化しなければ、「素直だけど、成長しない人」にとどまってしまいます。

フィードバックを深く理解し、考え方、発言、行動をよい方向に変えられるのか。フィードバックを成長の糧にできるのか。その一歩を踏み出すのはあなた次第なのです。

コーチャビリティに認知行動療法を応用する

もうひとつ、ギャップフィードバックを忌避したくなる気持ちをコントロールする方法があります。それは認知行動療法のアプローチを応用することです。

認知行動療法は、アメリカの精神科医アーロン・T・ベックが、うつ病になりやすい人の**「認知の歪み**（**癖**）」に着目して提唱した心理療法です。憂うつな気分は物事をネガティブに曲解する思考の傾向、つまり「認知の歪み」によって引き起こされるので、憂うつな気分の解消には、「認知の歪み」を正すとよい、という考え方です。

これをギャップフィードバックに当てはめると、「認知の歪み」がない状態では、伝え手による「成長してほしい」という気持ちをストレートに受け止めることができます。

しかし、「認知の歪み」がある状態では、伝え手の「成長してほしい」という気持ちはストレートに届かず、せっかくの前向きなフィードバックも、「責められている」とか「自分は無能だ」などと歪んだ解釈を引き起こしてしまいます。

代表的な認知の歪み

認知行動療法では、代表的な認知の歪みが10種類あると言われています（P224 図33）。

このような認知の歪みは、ギャップフィードバックを忌避してしまう人、言い換えればコーチャビリティの低い人の思考にも当てはまるのではないかと私は考えています。たとえば、伝え手は「成長してほしい」と願って課題を指摘しているのに、「責められている」と感じたり、「自分は無能なのか」と悲観したりして、指摘を正面から受け止められません。こうした反応は認知の歪みによって引き起こされている可能性があるのです。

認知の歪みを正す3つのステップ

それではどのように認知の歪みを正せばよいのか、そのアプローチについて解説します。

ネガティブな気持ちに陥った人は、自分がどのような認知の歪みにとらわれているのかを考え、その歪みに屈せずに自問自答で反論し、歪みを取り除く、というステップを踏みます。

同様に、ギャップフィードバックを忌避しがちな人も、フィードバックを屈折して受け止めてしまう原因となっている自身の認知の歪みに気づき、その歪みに自問自答で反論し

図33 代表的な認知の歪み

認知行動療法｜アーロン・T・ベック

1	マイナス化思考	物事が上手くいっても「まぐれだ」などネガティブな方に考えてしまう
2	心のフィルター	物事の悪い側面ばかりに目が行き、よい側面を見ようとしない
3	レッテル貼り	何か悪いことがあると「自分は何もできないダメ人間だ」と極端にネガティブな自己否定をしてしまう
4	"自分のせい"思考	悪いことが起こると、その原因はさまざまなのに、すべてが自分のせいだと思い込み自分を責めてしまう
5	極端な一般化	たまたま、たったひとつの悪いことがあると、世の中すべてそうだと思い込んでしまう
6	過大評価・過小評価	自分の短所や失敗を過大に考えるまたは自分の長所や成功を過小評価する
7	結論の飛躍（心の読みすぎ）	ふとした他人の言動や素振りに過剰に反応してしまう。悲観的な結論に飛躍し、不要な予防措置を取ってしまう
8	"べき"思考	あらゆる事柄を「すべき」「すべきでない」と思い込む。できないと罪を犯している感覚にさいなまれる
9	白黒思考	白か黒か、極端に考えてしまう。あいまいな考えや状態を受け入れられない
10	感情の理由づけ	理性的な根拠なく、感情に任せて結論を出してしまう。そうした結論は正しいと信じ込んでしまう

参考：福井至教授 東京家政大学／東京家政大学大学院「予防編："考え方"を変えて、ストレスに強くなる」日経クロステック 2010.05.14
元住吉こころみクリニックHP「専門家が解説 認知行動療法」2019.05.22

ていけば、歪みを取り除くことができます。その結果、ギャップフィードバックを忌避したくなる気持ちが薄れれば、コーチャビリティは高まったと言えるでしょう。

認知の歪みは、性格や気質、その時のメンタル状態に大きく左右されます。このため認知の歪みがまったくない人はまれです。誰しもが陥りかねない「認知の歪み」。これを正す3つのステップをご紹介します（P226 図34）。

ステップ1：認知の歪みを理解しておく

敵を知れば百戦危うからず。まず「認知の歪み」にはどんなものがあるのか、図33を見ながら「代表的な認知の歪み」を理解しておきましょう。

エクササイズとして図35（P227）のチェックシートを見ながら、10項目のうち、自分がどの歪みを起こしやすいか考えてみてください。

私の場合は若い頃、8番の「〝べき〟思考」が強く、ストレスの原因になっていました。「自分は〇〇であるべき」と考え込んで自分を追い込んでしまったり、「この人は〇〇すべき」と考えて、自分の価値観を押しつけてしまったりすることがたびたびありました。認知行動療法を知り、自分の思考には「〝べき〟思考」が強いことを自覚しました。それ以来、自分が「〝べき〟思考」に陥っていないか、いつも自問することを習慣にしたことで、「〝べき〟思考」に陥っても気持ちを切り替えられるようになりましたし、今では自分にも

図34　認知の歪みを正す3つのステップ

STEP 1　認知の歪みを理解しておく

「認知の歪み」には
どんなものがあるのか、
あらかじめ知識として
理解しておく

↓ **ネガティブ思考が発生**

STEP 2　認知の歪みに気づく

自分が抱いた
ネガティブな思考
（これを“自動思考”という）
に対して、どんな
「認知の歪み」が
生じているか内省する

↓ **書き出すのも有効** →

STEP 3　認知の歪みに対して反論する

第三者的な視点に立って、
「認知の歪み」を持つ
必要がないと、
自分の思考に対して反論する

＊　＊　＊

この時、右記の例のように
書き出すことが非常に有効

〈書き出し例〉

受けたフィードバック

「優先順位を意識する方がよい」と上司からギャップフィードバックを受けた

感情（自動思考）

「自分はそんな基本的なこともできない無能な人間」「責任ある仕事はもう任せてもらえない」と思ってしまった

認知の歪み

- レッテル貼り
- 結論の飛躍
- 過小評価

反 論

上司は仕事の進め方について前向きな助言をしてくれた。能力や将来性を否定されたわけではない。フィードバックされた内容を受け止めて成長しよう！

図 35　認知の歪みのチェックシート

認知行動療法｜アーロン・T・ベック

1	マイナス化思考	ある	どちらとも言えない	ない
2	心のフィルター	ある	どちらとも言えない	ない
3	レッテル貼り	ある	どちらとも言えない	ない
4	“自分のせい”思考	ある	どちらとも言えない	ない
5	極端な一般化	ある	どちらとも言えない	ない
6	過大評価・過小評価	ある	どちらとも言えない	ない
7	結論の飛躍（心の読みすぎ）	ある	どちらとも言えない	ない
8	“べき” 思考	ある	どちらとも言えない	ない
9	白黒思考	ある	どちらとも言えない	ない
10	感情の理由づけ	ある	どちらとも言えない	ない

参考：福井至教授 東京家政大学／東京家政大学大学院「予防編：“考え方” を変えて、ストレスに強くなる」日経クロステック 2010.05.14
元住吉こころみクリニックHP「専門家が解説 認知行動療法」2019.05.22

相手にも〝べき〟を押しつけるようなことがなくなり、仕事のみならずプライベートの人間関係でも若い頃に感じていたストレスが大きく軽減しました。

ステップ2：認知の歪みに気づく

ギャップフィードバックを受けた際、ネガティブな感情にとらわれてしまった時、そこに「認知の歪み」が生じていないか自問してみましょう。特にステップ1のチェックシートで「ある」だった項目は要注意です。ここでどの認知の歪みが生じているか特定することができれば、ギャップフィードバックを素直に受け止められず、どうして逃げたくなってしまうのか、なぜ落ち込んでしまうのか、その原因を知るヒントになるはずです。

ステップ3：認知の歪みに対して反論する

どんな認知の歪みが生じているかわかったら、自問自答して心の中で反論してみましょう。認知の歪みが強ければ強いほど、コーチャビリティは低下してしまいます。自分の認知の歪みの傾向をよく理解することで、認知の歪みによって湧き起こるネガティブな感情（認知行動療法では「自動思考」と呼ばれます）に対して正しく反論できるようになります。

特にネガティブな感情を引きずってしまった場合に有効なのが、紙に書き出してみることです。紙に書き出す際には、きちんと認知行動療法用のノートを用意するなど、まったく必要ありません。とにかくスピード優先です。手っ取り早く使用ずみのコピー用紙の裏や、封筒の余白、スマホのメモアプリなどに、さっと書くので十分です。

前掲した図34「認知の歪みを正す3つのステップ」の右側に、メモを使った反論のサンプルを記載しておきました。各項目の意味は以下の通りです。

【受けたフィードバック】受けたフィードバックの内容を記載します。

【感情（自動思考）】どのようなネガティブな感情が湧き起こったか記載します。

【認知の歪み】認知の歪みの10項目のうち、生じているものを記載します。

【反論】客観的な視点に立ち、認知の歪みを排して、本来どのように受け止めるべきかを記載します。

ネガティブな感情にとらわれている時は、思考が〝ぐるぐる〟とループしやすいものです。ぜひ面倒と思わず、紙に書き出すことをやってみてください。驚くほど思考の整理になり、すっきりした気持ちになることを実感できるはずです。また最初はメモを書いた方がスムーズですが、慣れてくれば一連の反論までの流れを頭の中でできるようになります。

認知行動療法は、コーチャビリティでの応用に限らず、さまざまな不安やストレスを軽減する心理療法です。ビジネスパーソンにとっては仕事上のストレスやプレッシャーに対する抵抗力を上げる汎用的なアプローチなので、興味を持った方はより深く学習してみるとよいでしょう。

メンタル状態を考慮する

ここまでコーチャビリティを上げることの大切さを繰り返し述べてきました。しかし、人は生きていれば順調な時もあれば、不調な時もあります。仕事が原因にせよ、プライベートが原因にせよ、誰しもがメンタルは上がったり、下がったりするものです。普段、前向きにフィードバックを受け止められる人であっても、メンタルが弱った状態では逃げてしまいたいと感じるのは仕方のないことです。

メンタルが弱っている時には一時的にフィードバックを受け入れないことも、自分の身を守るための選択肢になります。そんな時には、相手のフィードバックに感謝を示しつつ、一旦スルーすればよいのです。弱っているのに無理に受け入れようとしすぎて、心が折れてしまっては元も子もありません。弱い自分も自分なのです。少し雨宿りして、心が回復するのを待ってから、コーチャビリティの高い自分を取り戻せばよいのです。

また、伝え手としてギャップフィードバックをする際にも、相手（受け手）のメンタルを考慮してあげる優しさを持つべきです。いくらフィードバックの内容が正論であっても、相手のメンタルがあまりにも弱っているのであれば、最悪の場合、心が折れる「とどめの一撃」にもなりかねません。正論だからと言って、相手のメンタル状況を考えてあげずにしつこく伝える。それが果たして「相手の成長を願って」するフィードバックと言えるのでしょうか。行きすぎると「正論ハラスメント」や「ロジカルハラスメント」になりかねません。ギャップフィードバックのコツとして「なるべくタイムリーに」とは前述しましたが、相手のメンタル状態に配慮する優しさを持ち、時にはタイミングを変える柔軟性を持つようにしてください。

COLUMN 1

社内座談会

グレートフィードバッカーたちの〝極意〟

ここまで読み進めてこられた読者の皆さんは、コンカーにおけるフィードバックの展開についてどのようにお感じになったでしょうか。現場で働く社員たちの生の声を聞いてみたいと思った人が多いのではないでしょうか。

そうしたご期待にお応えするために、本章では「社内座談会」の模様をお届けします。参加してくれたのは、毎年の従業員アワードで「MVF（Most Valuable Feedbacker）」（次章で詳述します）に選ばれたこともある4人の管理職・一般社員です。

達人たちはどのようなマインドと手法を身につけ、実践を通じてどのような教訓を得ているのか。存分に語り合ってもらいました。

参加者

▼中川智海　ディストリビューション統括本部　コマーシャル営業本部　ゼネラルビジネス第1営業部長

▼工《たくみ》敬一郎　ディストリビューション統括本部　エンタープライズ営業本部　第2営業部シニアセールス

▼大賀ふみ子　アウトソーシング事業本部　ビジネスインテリジェンスサービス　シニアマネージャー

▼天野文紀　アウトソーシング事業本部　クライアントケアサービス　第2グループリーダー

※肩書きは座談会収録時のものです。

達人たちの工夫と努力

三村真宗　今回、集まっていただいた皆さんは、いずれもMVFを受賞したフィードバックの達人です。まずは、普段、フィードバックを実践している時に気をつけていることから話していただけますか？

中川智海（営業部門・管理職）　コンカーではフィードバックをポジティブとギャップに分けていますが、私はどちらもポジティブな行為だと思って実践しています。営業の管理職なので、商談資料の体裁や提案する際のストーリーなどについては、メンバーに厳しく問題点を指摘することもあります。しかし、そういう時も「成長を願っている」というポジティブな思いでフィードバックしていますし、そういう思いも必ず言葉にして相手に伝えるようにしています。そうすると、メンバーもポジティブにフィードバックを受け取ってくれるようです。

大賀ふみ子（アウトソーシング部門・管理職）　フィードバックというのは、「チームみんなで力を合わせて問題解決を目指していくために必要なコミュニケーションだ」という意識が大事だと私は思っています。受け手にそう思ってもらうためには、建設的な提案をすることも大切で、「それはわかりにくいです」とか「そういうのはダメです」などと一方的に決めつけるのではなく、「こうするといいと思うんだけど、どうでしょう」というふうに提案するように気をつけています。

工《たくみ》 敬一郎（営業部門・一般社員）　僕は一般社員ですが、現場にいる立場だからこそできるフィードバックがあると思っています。部長から受けるフィードバックよりも、プレーヤー同士で伝え合うフィードバックの方が、感度が高い場合もありますし、僕自身、同僚に改善すべき点が見受けられたらしっかり指摘しています。

ただ、一般社員が同僚に対してフィードバックするためには、その前提として「相談を持ちかけられる人」になっておく必要があります。僕の場合は、普段から提案活動での成功体験はもちろん、手痛い失敗もできるだけ発信するとか、自分でつくった資料を共有するといった行動を積み重ねて、「この人に話を聞いたら、何かが得られそうだ」と思ってもらえるように努めてきました。

三村　工さんは上司にフィードバックをすることもよくありますか？

工　上司にも言います。いいことも悪いことも。最近、特に心がけているのは、電話をかけて伝えるということです。お客様とのオンライン面談などが終わった後は、チームで振り返りの時間を持ちますが、その後すぐに上司と電話でも話して、フィードバックを求めると同時に、上司に思うところがあれば抱え込まずに伝えるようにしています。

中川　私も電話のコミュニケーションは大切だと思っています。コロナ禍以前は、お客様を訪問した後、メンバーたちと何気なく会話を交わしながら、「次はどうしようか」とか「この案件は何がリスクなんだろうね」というふうにいろいろ話し合えたんですけど、今はそれが難しくなったので、私からもなるべく電話をかけるようにしています。メールやチャットも便利ですが、血の通った会話をするには電話を積極的に活用することも大切だと思います。

三村　天野さんはいかがですか？　どんなことに気をつけていますか？

天野文紀（アウトソーシング部門・一般社員）　私はチームの後輩にフィードバックをする機会が多いのですが、ギャップフィードバックをする際は、いったん相手をほめてからギャップを伝えるように心がけています。内容としては手厳しいことも言いますが、「あなたの成長を願って言っています」というひと言も添え、最後に「今回のフィードバックについてどう思いますか」と尋ねて、一方的なコミュニケーションにならないように気をつけています。

心に残るフィードバック

三村　フィードバックを受ける側としてはいかがですか？　印象的なフィードバックはありますか？

大賀　私は管理職なのに何でも自分でやってしまう癖があります。メンバーに仕事のやり方や意図を説明しても期待通りに動いてもらうのが難しそうな時などは、つい「自分でやります」と言って引き取ってしまいがちなんです。そういう時メンバーから「もっと任せてください」とフィードバックを受けたことがあります。

三村　そういう時は、メンバーに対してどんな感情が湧いてきますか？

大賀　私にとってはギャップフィードバックでしたけど、「もっと自分たちを信じてほしい」というメンバーの思いが伝わってきました。メンバーをすごく頼もしく思えて嬉しかったですね。

中川　私は以前、営業の手法をレクチャーした時に、メンバーに「たとえ話をもっと入れて話してくれた方が理解しやすいです」と指摘されました。社内にたとえ話を入れて話すのが上手い管理職がいるんですが、その人の説明に比べると、私の説明はわかりにくかったらしいんですね。あれはすごくいいギャップフィードバックだったと思っていますし、それ以降は、たとえ話を盛り込むことによって、レクチャーで腹落ちさせるスピードが上がったかなと感じています。

三村　かつて、中川さんには某メーカーへの提案について、私から厳しいギャップフィードバックを繰り返していた時期もありました（笑）。

中川　忘れもしません（笑）。でも、受け手としては前向きにとらえていましたね。この案件を何とかしたいという思いを分かち合えていたし、三村さんのギャップフィードバックは単に問題を指摘するのではなく、この案件をやり抜くことを通じて私に成長してほしい、という気持ちがしっかり伝わってきてましたから。それに、三村さんからあれだけビシバシ言われた営業は社内にあまりいないので貴重な経験だったなと思っています。いい思い出としてメンバーに話したりもしますね。

エ　僕は、仕事に慣れてきた頃、訪問先で役割分担を考えずに、自分ひとりがしゃべってしまうことがありました。営業の若手にはそういう人が多いと思うんですけど、慣れって怖いもので、ひとりで話していると、だんだん気持ちよくなっちゃうんですね（笑）。「僕の話を聞いてほしい」「僕の提案を受けてほしい」という姿勢が強く出てしまっていたんです。

そうしたら、ある時同行してくれた上司から「抱え込みすぎ」と指摘されました。「ひとりでやれることもあると思うけど、何人かで一緒に営業に行く時は、それぞれの役割分担を考えて提案できるようにならないといけない。じゃないと、君の成長は止まってしまうよ」と言われました。これがいちばん記憶に残っているフィードバックです。

三村　指摘されてどう感じました？

エ　チームプレーの大切さに気づかされましたし、いいタイミングでブレーキをかけてもらったと思って感謝しています。

天野　私の場合、印象に残っているのは、入社して間もない頃に上司からもらったポジティブフィードバックです。私は全然違う業界から転職してきて、最初はどうやって自分の存在感を出していけばいいのか悩んでいたんです。自分を認めてもらうためにたくさん発言していこうと考えて、チームの会議や日々の業務の中で実行していました。

そういう言動について、ある時上司に「どう思いますか？」とフィードバックをお願いしたところ、「いつもコミュニケーションの中心になってくれてありがとう」という言葉をもらいました。このポジティブフィードバックはすごく励みになって、スキルや経験の差はすぐに埋められなくても、会社に貢献できることはあるんだと感じました。

三村　その上司は天野さんが悩んでいることに気づいていたんじゃないでしょうか。天野さんが、何とかチームに貢献しようとしているのを関心を持って見てたんじゃないかと思います。そう感じませんでしたか？

天野　はい、「私のことを見ていてくれたんだな」と感じましたし、嬉しく思いました。自分自身が今、誰かにフィードバックをするときも、「あなたを見ていますよ」「あなたのことをちゃんと考えていますよ」という気持ちを込めるようにしています。

鮮度、さじ加減、情報共有

三村　フィードバックにまつわる失敗例や、実践を通じて得た教訓はありますか？

エ　フィードバックを伝えて失敗したと感じたことはありませんが、「伝えなかった後悔」は過去に何回かありました。途中で気づいたことを言えず、それが原因で結果的に受注できたはずの案件が受注できなくて、「何であの時言わなかったんだろう」と後悔するとか。

中川　あるある。「言っておけばよかった」と後悔することは確かにあるよね。

エ　ちょっと気になる癖のある人がいて、「そのうち直るだろう」と見て見ぬふりをしていたら、直せそうにないぐらいの癖になっていたとか、そういう時もフィードバックしなかったことを後悔しました。後から罪悪感を抱いたというか。

天野　社内研修でも学びましたが、フィードバックは「すぐにやる」というのがポイントだと思っています。実際には業務に追われていて、時間を確保するのが難しかったりするのですが、「いつかまとめて伝えよう」と思っているうちに機会を逃してしまったことがあります。

エ　「鮮度」が大事なんですよね。何日か経ってしまうと、「今さら伝えても仕方ないか」と思って躊躇してしまうこともあります。

三村　「今度でいいか」と思っていると、フィードバックは大体実行に移されませんよね。

大賀　忙しい時って、フィードバックをするときに相手の意図や考え方をよく聞いて議論する精神的な余裕がないんです。「どこに問題があるのか」「どうすれば改善するのか」、本当は本人に深く考えてもらうべきかもしれないのに、こちらから細かく伝えすぎてしまいそうになるんです。そんな時は「はっ」と気づいてブレーキをかけるようにしています。

仮にメンバーが70点の解を持ち合わせているとして、私がアイデアを伝えたら、その解は90点になるかもしれない。でも私から解を伝えてしまったら、本人が答えにたどり着いたことにならないんです。70点のままでも、本人が自分で考えた通りにやった方がモチベーションは上がる可能性もあります。そのあたりのさじ加減が難しいと感じています。

天野　私は今年からチームのリーダーになったんですけど、あるメンバーにギャップフィードバックをしたら、その人はマネージャーからも同じようなフィードバックを受けていたみたいで、立て続けに同じフィードバックを受けてちょっと落ち込んでしまったんです。伝え方が悪かったとは思わないんですけど、フィードバックを受けた人は、タイミングや性格によってはネガティブに反応してしまうこともあるし、前向きな人でも落ち込んでいるときには素直に受け止められないかもしれません。

　フィードバックの内容が正しいからといってむやみに押し付けちゃダメなんだな、とその時に思いました。相手の性格やメンタルがどうなっているか、ちょっと立ち止まって考えてあげる、そんな繊細な配慮も必要だと思います。

もしも「フィードバック文化のない会社」で働くとしたら

三村　この本を手に取ってくださった読者の中には、フィードバックの文化が根づいていない企業や組織で働いていらっしゃる人も多いと思います。そういう人たちはどんなふうにフィードバックを実践していけばいいか、皆さんから何かアドバイスはありますか？

中川　私は以前、フィードバックの文化がまったくない会社で働いていたんですけど、すごく嫌だったのは、飲み会の席での愚痴が多いんですね。みんな、会社や上司の悪口を言いながら、お酒を飲んでいて、じゃあ、社内ではどうなのかというと、口をつぐんで何も言わない。これって何の意味があるんだろうと思っていました。

　おそらくフィードバックしても、誰も受け止めてくれない。下手をすると上司からにらまれてしまう。そんなやるせなさを飲み会の席で社員同士がお互いにガス抜きをしていたんだと思います。会社や上司の陰口を言うのはよくありません。しかしコンカーのようにフィードバックが盛んな会社で働いてみてわかるのは、そういう風通しの悪い状況を放置している会社にも問題があるように思います。

三村　じゃあ、中川さんがもしその会社に戻ったとしたら、どうやってフィードバックの文化を創っていきますか？

中川　戻らないですけど（笑）、まずは管理職として自分の部門内で取り組んでいくでしょう。少なくとも自分の部門は風通しよくしたいと。また自分の部門だけではなく、フィードバックの重要性をテーマに他の社員にプレゼンする機会をくださいと言うでしょうね。

エ　僕だったら、率先してポジティブフィードバックから始めます。

三村　なるほど。まずはほめ合える雰囲気をつくると。

エ　はい。お互いが「いいことはいい」と称え合える雰囲気をつくってから、ギャップフィードバックもし合えるように変えていくと思います。

大賀　私は自分からフィードバックを求めていくと思います。「こういうふうにやってみたんですけど、どう思われますか？」とか「もっといいやり方があるような気がするんですが、何かアドバイスをいただけますか？」というふうに周囲にフィードバックを求める。よい指摘をもらったら感謝の意を示す。そうやって、周囲の人たちにフィードバックが組織にもたらす効果を感じてもらえたら、自分でも意見やアイデアを出しやすくなるのではないでしょうか。

天野　私も以前、フィードバックし合う習慣がなく、社員が不満を抱えている会社で働いていましたが、その中でも意見を言うようにはしていました。意見も言わなくなってしまうと、会社に対する希望が失われてしまうような感じがしていたので、この職場で働く以上は、自分の考えはちゃんと伝えていこうと思っていました。

そうすると、当初は「生意気だ」とか「うるさい」などと冗談交じりに言われることもありましたが、時々は「天野さん、どう思う？」と意見を求められることもあって、やっぱり自分から発言していくのは大事だなと思いました。

ただ、仕事で成果を出していないのに自分勝手な発言ばかりしていると思われるとよくないので、前提として仕事はめちゃめちゃ頑張る。「生意気」と言われても吹っ飛ばすくらいの勢いで頑張って働いていました。だから、まず自分の業務を全うし、上司や周囲との関係性も構築しながら発言していくのがいいのかなと思っています。

三村　皆さん、ありがとうございました。どれも現場の実感に基づいた意見やアドバイスでした。読者の方々にも参考になるのではないかと思います。

第 5 章

経営戦略としてのフィードバック

ここからは視点を変えて経営的な観点からフィードバックを考えていきます。

読者が経営層の立場にない場合であっても、将来的に自分が経営層になることを想定したり、あるいは現在の立場から経営層にフィードバックの大切さを伝え、経営に活かすよう提言したりすることを思い描きながら読み進めてください。

まずＷｈｙとして、フィードバック文化はなぜ大切なのか、「働きがい」の観点から考察します。

次にＨｏｗとして、フィードバック文化を組織に浸透させるための具体的なアプローチを解説します。

そしてＷｈａｔとして、フィードバック文化を実践するためにコンカーで運用している具体的な施策や制度を説明します。

図 36　経営戦略としてのフィードバック

Why	
フィードバック文化は なぜ大切なのか	
1	ヒトによる競争力の最大化
2	働きがいと業績成長の関係性
3	“働きやすさ”と“やりがい” を分けて考える
4	令和に目指すべき職場とは
5	働きがいのドライバーを 理解し、成長の大切さを知る

How	
フィードバック文化を どのように浸透させるのか	
1	フィードバック文化創りの 決意と宣言
2	研修によるフィードバックの プロトコル合わせ
3	可視化によるPDCAサイクル
4	アワード等による行動促進
5	入り口戦略

What	
フィードバック文化の実践に 向けた具体的な施策や制度	
1	コンストラクティブ フィードバック
2	1on1 ミーティング
3	コミュニケーションランチ
4	タコランチ
5	タコめぐり
6	部門間連携調査
7	Sync(シンク)ミーティング
8	相棒調査
9	パルスチェック
10	感謝の手紙
11	リモートワーク時代の フィードバック

01

Why－フィードバック文化はなぜ大切なのか

フィードバック文化の話に入る前に、まずは少しステップバックして、「働きがい」の大切さについて考察します。

ヒトによる競争力の最大化

経営資源を論じる際に、よく「ヒト・モノ・カネ」という言い方がされます。その中では圧倒的に希少、かつ重要な資源は「ヒト」だと私は考えています。昨今は、長く続く低金利政策によって資金調達はさほど難しくはなくなっており、カネの重要性は相対的に低下しています。また、デジタル化が進む今日《こんにち》では知識とテクノロジーの移転が急速に進んでおり、モノの差別化によって競争優位を長期的に維持するのは困難になりました。

一方、ヒト、つまり人的資本はアップサイドでもダウンサイドでも可能性は無限です。社員のパフォーマンス次第で企業や事業は繁栄もするし、衰退もします。少子高齢化の現

図37 “働きがい”を高めることは経営戦略である

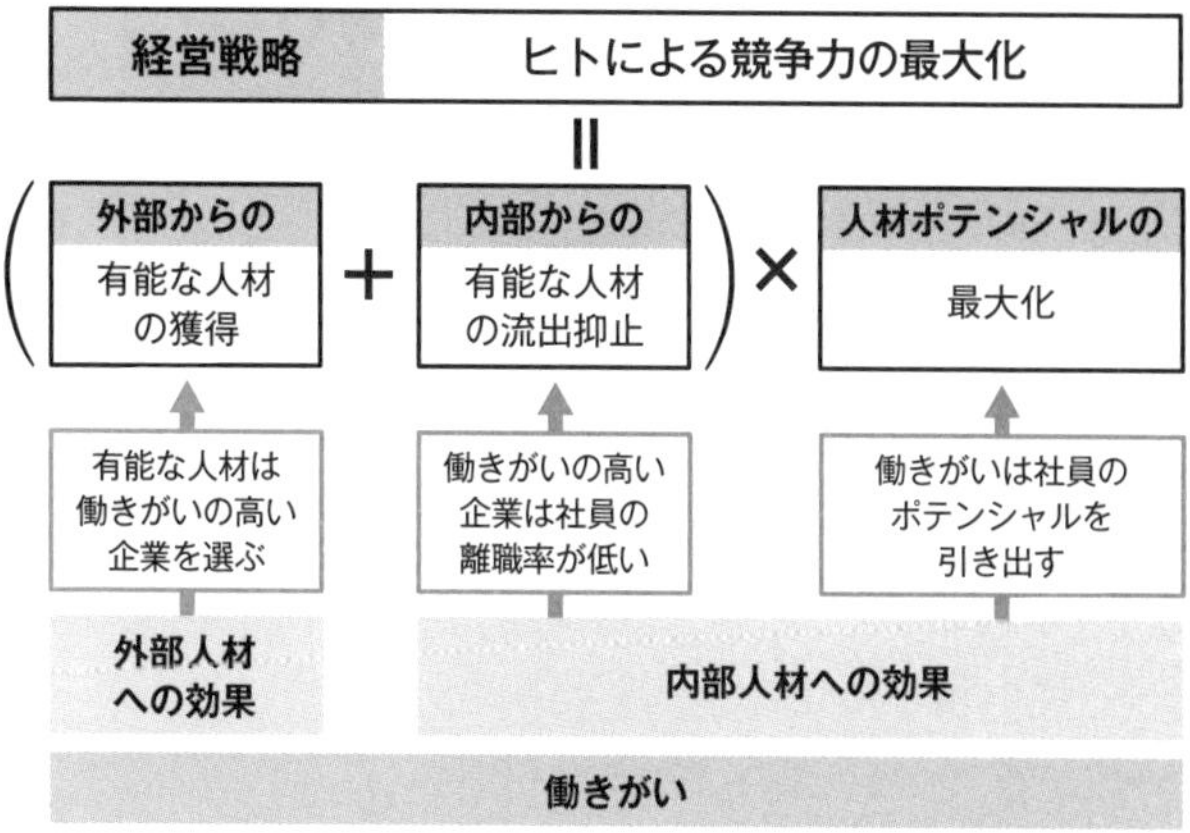

代の日本社会にあっては、この傾向は加速するばかりです。

　このような状況を踏まえコンカーを経営するにあたって私は「ヒトによる競争力の最大化」という方針を戦略の中心に据えています。

　この戦略は、

（外部からの有能な人材の獲得＋内部からの有能な人材の流出抑止）×人材ポテンシャルの最大化＝ヒトによる競争力の最大化

という極めてシンプルな計算式で説明できます（図37）。

　では、この戦略を遂行していくうえでカギとなるのは何か。それが「働きがい」なのです。働きがいは優秀な人材に対して強烈な求心力が働きます。働きがいのある企業は、外部の有能なビジネスパーソンから転職先として選ばれ、また優秀な新卒学生からも就職先として選ばれます。在籍している社員にとっても働きがいのある職場では、離職率を低く抑えることができます。そして高い意欲を持った社員たちが、一人ひとりのポテンシャルを存分に発揮する。そのように考えて、私は働きがいの向上に取り組んでいます。

働きがいと業績成長の関係性

よくほかの経営者から、「なぜそこまで働きがいにこだわった経営をしているのですか?」と質問を受けることがあります。「社員に幸福に働いてほしい」「社員が幸福に働くことが経営者としての喜び」といった「社員の幸福」の観点はもちろんあります。

一方で事業を成長させることが使命である経営者として、冷徹な視点もあります。それは、「働きがいを高めることが事業の成長に直結する」ということ。製品戦略、マーケティング戦略、買収戦略、世の中にはさまざまな経営戦略があるように、働きがいを高めることは業績成長に直結する経営戦略なのです。

ここで改めてコンカーの歩みを振り返っておきます。プロローグでも述べたように、私は２０１１年10月にコンカー日本法人の初代社長に着任しました。スタートを切ったばかりの頃のコンカーは、働きがいなどは二の次。短期の営業的成果を求め、「とにかく数字、数字！」といった業績至上主義の経営をした結果、組織は迷走し、混乱の極みに達していました。そうした状況を打破するために「働きがい」の向上を目指し転換点になったのが、2013年1月に開催した第1回のオフサイトミーティング（合宿）です。

そのオフサイトミーティングの冒頭で、「5年後の会社のあるべき姿」として2つの大きな目標を掲げました。

・全世界のコンカーの中で米国法人に次ぐナンバー2の事業規模になる
・国内IT企業で最も働きがいのある企業になる

この時期のコンカーは社員同士がバラバラの方向を向き、業績も低迷し、当時を知るベテラン社員が「暗黒時代」と呼ぶような状態でした。にもかかわらず、グローバルでナンバー2になるとか、国内IT企業で最も働きがいのある会社になるなどと言われても、当時の社員たちにしてみれば夢物語としか思えなかったでしょう。

「働きがい」を目標に掲げたのは、業績が苦しい時にまた「数字、数字！」と言い出しかねない、「自分自身への戒め」でした。また、「業績」と「働きがい」という、ある意味で相反する目標を同時に追いかけることが、さまざまな施策の相乗効果に繋がるという仮説を持ったのです。

こうして、「業績」と「働きがい」の両方を追求する日々が始まりました。すぐには業績に繋がらなそうな、会社のミッションやビジョン、あるいはコアバリューと呼ばれる価値観を社員と一緒に考え、また辛辣《しんらつ》な声も含めて社員の声に耳を傾け、社員同士のエンゲージメント（自発的な貢献意欲）を高める施策を数多く実施しました。社員の採用基準も変更し、「能力だけでなく、文化や価値観に適合した人材」を採用するように大きく舵を切りました。

その後、会社の雰囲気は大きく改善しました。自由闊達な空気の中で、社員同士がのびのびと活躍し、組織を超えて協力し合うなど、ビジョンの達成に向けて会社全体が躍動感に包まれ始めました。

そして先述の通り、再出発のオフサイトミーティングから5年後にあたる２０１８年２月に、ＧＰＴＷが発表した「働きがいのある会社」ランキングの中規模部門（従業員１００〜９９９人）で1位を獲得。しかもＩＴ業界で1位ではなく、全業界含めて1位という形で。これで「国内ＩＴ企業で最も働きがいのある企業になる」というひとつめの目標をクリアすることができました。

一方の業績はどうなったでしょう。再出発の２０１３年からの5年間でコンカーは年平均96％の成長を実現。毎年、倍々の成長です。これにより２０１７年の実績が締まった段

図38 コンカーグループ内エリア別 新規契約高比較—2021年

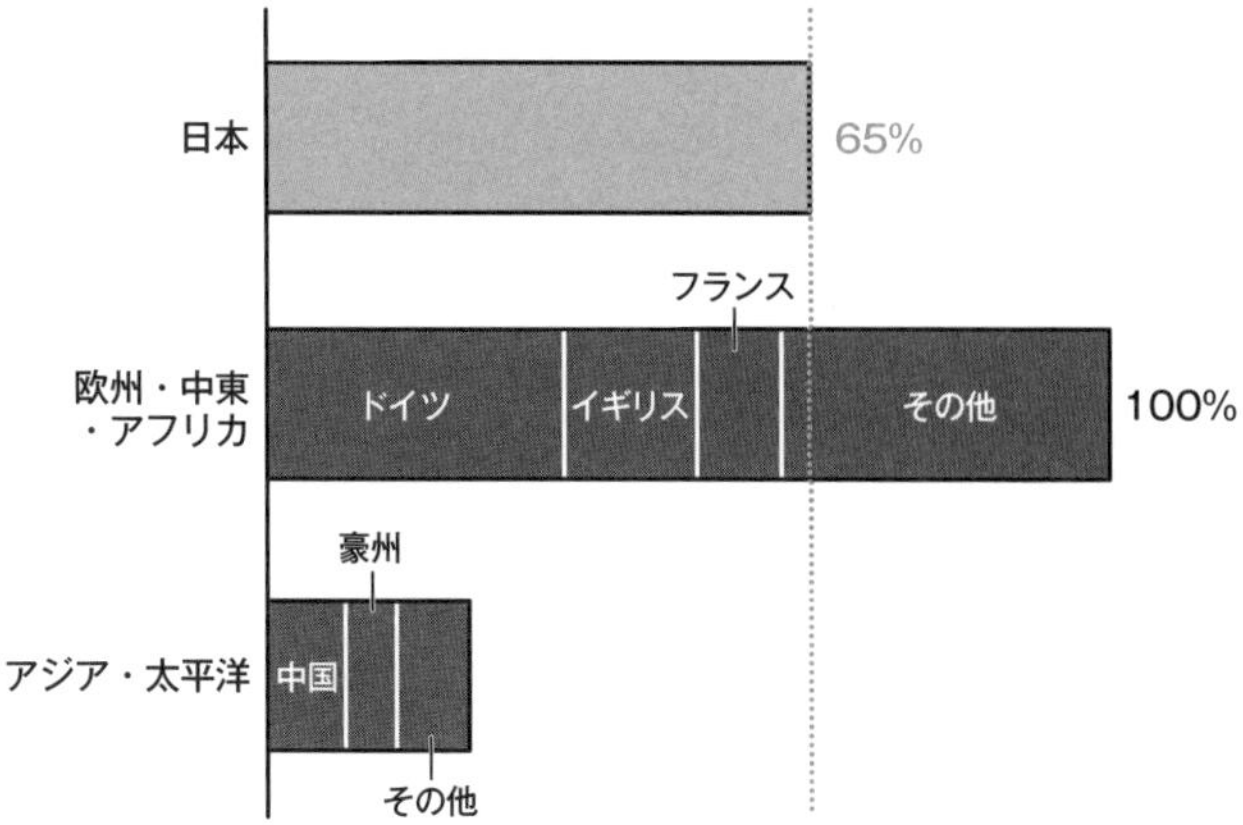

階で米国法人に次ぐ世界第2位の事業規模になり、2つめの目標もクリアすることができました。

その後もコンカージャパンの成長は続き、他国の成長率を大きく凌駕《りょうが》しています。図38は、2021年のエリア別新規契約高を比較したものです。西半球にあたる「欧州・中東・アフリカ地域」がひとつのエリアになっていますが、コンカージャパンは、日本一国で西半球全体の約3分の2の事業規模にまで成長しています。外資系IT企業の多くで日本法人の業績は、ドイツ、イギリス、フランスの欧州主要国や中国の後塵《こうじん》を拝する傾向にあります。しかしコンカーでは、日本一国で、ドイツ、イギリス、フランスの3カ国の合計を上回るまでに成長することができました。

2013年に掲げた大きな2つの目標——

「業績」と「働きがい」。このどちらが「原因」でどちらが「結果」だったのか。これは皮膚感覚で自信を持って断言できます。「働きがいを高めることに愚直に取り組み続けた。その結果が業績の成長に繋がった」のだと。「働きがい」が原因であり、それが「業績」という結果になってあらわれたのです。

経営者の中には「働きがいのようなふわふわしたものには関心がない。そんなことを考える暇があったら1件でも契約を取ってこい」という価値観の人もいるでしょう。しかし、そのような価値観の経営者は少し立ち止まって、「働きがいを高めることは業績の成長に直結する」ことを理解するべきです。

“働きやすさ”と“やりがい”を分けて考える

とはいうものの、働きがいという言葉が一体何を意味しているのか、ピンとこない方もおられるかと思います。そこで、まずは2つのモチベーション理論を入り口に考察してみましょう。この項は概念的な内容のためやや理解しにくいかもしれませんので、図39を見ながら読み進めてください。

アメリカの心理学者フレデリック・ハーズバーグは、「**衛生要因**」と「**動機づけ要因**」の2つの要素からなる「**二要因理論**」を唱えました。

図39 ハーズバーグの「二要因理論」とマズローの「欲求5段階説」

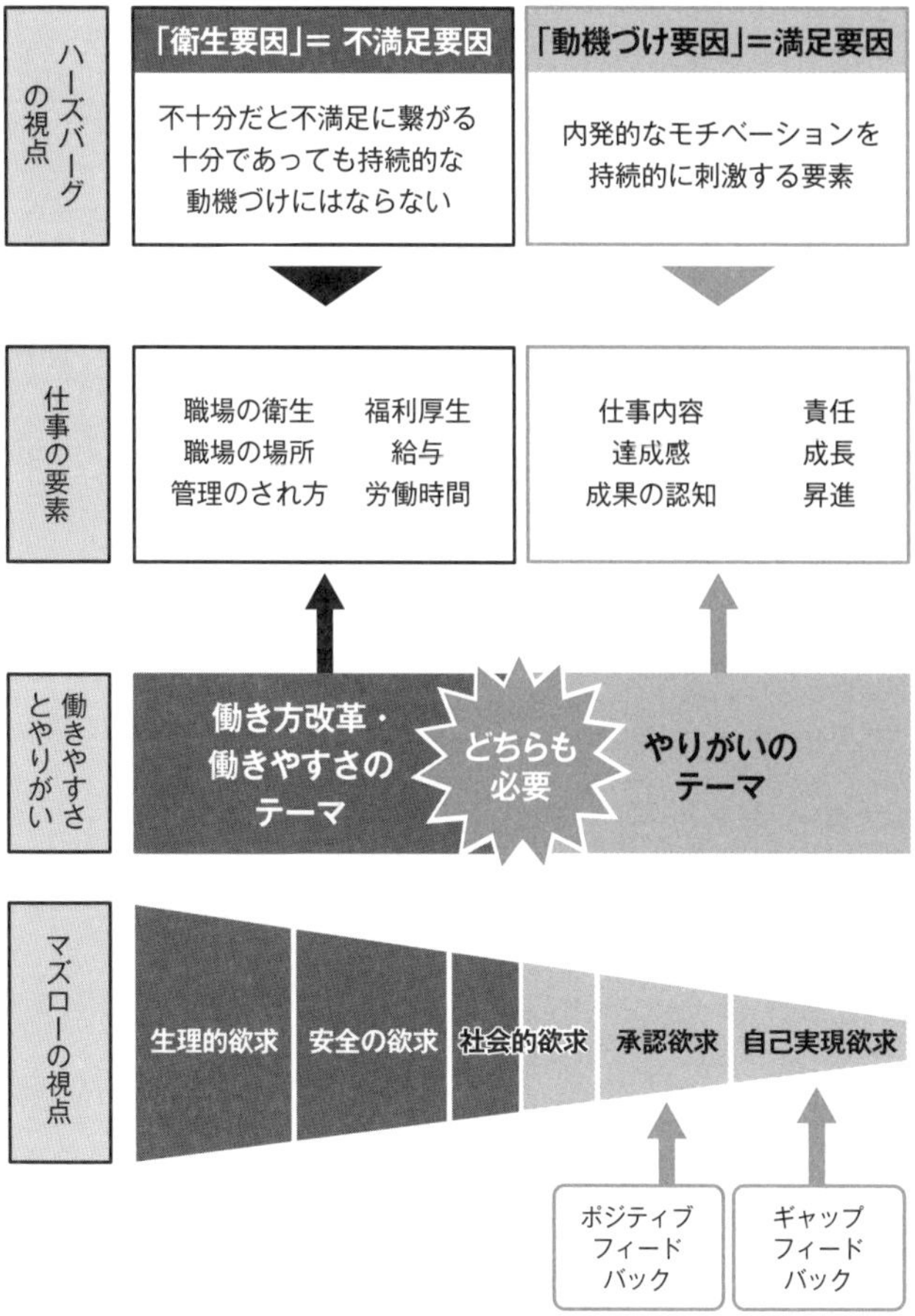

衛生要因（**不満足要因**）

衛生要因は、「不十分だと不満足に繋がる仕事上の要素」です。職場の衛生状態、福利厚生、給与、職場の場所、労働時間などがこれに該当します。

たとえば、職場が不衛生だと、「こんな不潔な職場では仕事ができない」と強い不満の原因になります。しかし職場が衛生的なのは当たり前なので、いくら職場を衛生的にしても、「職場が衛生的だから、仕事がワクワクする」とはなりません。モチベーションには結びつかないのです。

私は衛生要因とは、「**働きやすさ**」のテーマであると考えています。

動機づけ要因（**満足要因**）

これに対し、動機づけ要因は、内発的なモチベーションを持続的に刺激する要素です。該当するのは、仕事内容、責任、達成感、成果の認知、昇進、成長などです。「責任のある仕事を任せてもらえ」、「達成感を感じられ」、「成長を実感できる」職場。そんな職場で働く社員はモチベーションを高く保つことができるはずです。

私は動機づけ要因とは、「**やりがい**」のテーマであると考えています。

なぜこの理論を持ち出したのかというと、「働きやすさ」と「やりがい」をごっちゃに理解している人や企業が多いためです。「自社でやりがいを高める取り組みを始めよう」と検討がスタートしても、施策の内容が「あらたな福利厚生を始める」など衛生要因に属するものが多いため、やりがいの向上に繋がらず、空回りしているケースが散見されます。そうした空回りを防ぐためにも、自社が行おうとしている施策が、衛生要因に効く施策なのか、それとも動機づけ要因に効く施策なのかをはっきりと意識しながら取り組む必要があります。

〝働きやすさ〟と〝やりがい〟の両立が〝働きがい〟に繋がる

ただし、誤解しないでほしいのですが、私は、「衛生要因＝働きやすさ」は低次元なテーマで、「動機づけ要因＝やりがい」は高尚なテーマだと言っているわけではありません。「働きやすさ」と「やりがい」に優劣はありません。「働きやすさ＋やりがい」この2つを両立してこそ、「働きがい」に繋がるのです。

たとえば、いくら「達成感（動機づけ要因）」を感じられても「給与（衛生要因）」が生活水準を維持する額に満たなければ、生活が成り立たず、その仕事を続けることは困難でしょう。またいくら「責任のある仕事（動機づけ要因）」を任せてもらえ、やりがいを感じられたとしても、過剰な残業や週末勤務によって「労働時間（衛生要因）」が大幅に超過しては健康を害してしまいます。組織で働く人たちにとってはどちらの要素も必要であり、両方が揃ってこそ、「働きがい」は向上するのです。

さらに、この図式に、アブラハム・H・マズローの有名な「欲求5段階説」を重ね合わせるとより理解が深まります。マズローは人間の欲求を5段階に整理しました。下位の欲求が満たされないと、上位の欲求を満たすことはできない、という考え方です。

最下層の欲求である、睡眠や食欲といった最も根本的な「**生理的欲求**」が満たされてこそ、安全に生きたい・暮らしたいという第2層の「**安全の欲求**」が生まれ、それが満たされれば、人々と繋がりたいという第3層の「**社会的欲求**」を持つようになる。さらに欲求の段階は、人々から認められたいという第4層「**承認欲求**」へと繋がり、そして自分の成長を実感したいという最上位層の「**自己実現欲求**」へと進んでいく、と説いています。最上位に位置する自己実現欲求、すなわち成長を実感できる職場では、働きがいを強く感じられるはずです。

この5段階の欲求に対して、「働きやすさ」と「やりがい」をマッピングすると以下のようになります。

- **「生理的欲求・安全の欲求」＝「働きやすさ」のテーマ**
- **「社会的欲求」＝「働きやすさ」と「やりがい」の中間のテーマ**

・「承認欲求・自己実現欲求」＝「やりがい」のテーマ

そうすると、「やりがい」の要素にあたる「自己実現欲求」と「承認欲求」を満たすには、その下位の層にある、「働きやすさ」の要素にあたる「生理的欲求」と「安全の欲求」を満たすことが前提となります。

このように、マズローの視点でも、「働きやすさ」と「やりがい」の両方が揃ってこそ「働きがい」に繋がるという図式がやはり成り立つのです。どちらが欠けてもまずいのです。

この考え方にフィードバックをどのように効かすのか。フィードバックは動機づけ要因、つまり「やりがい」に効く活動です。ポジティブフィードバックとギャップフィードバックをそれぞれ当てはめると以下のようになります。

- ポジティブフィードバックは相手の強みや長所を認め、「承認欲求」を刺激する
- ギャップフィードバックは相手の成長を促し、「自己実現欲求」を刺激する

マズローが「自己実現欲求」すなわち「成長の欲求」を最上位に位置づけているように、私も働きがいにおける最大の影響要因は成長であると考えています。フィードバックをし合うことによって社員同士の成長が加速する。この点において、フィードバックを浸透さ

せることが働きがいの向上に大きく寄与するのです。

令和に目指すべき職場とは

図40をご覧ください。これは「働きやすさ」を縦軸、「やりがい」を横軸に取って、職場の状態を4象限で診断したものです(この概念はGPTW協会のコンセプトを引用しています)。

ばりばり職場(右下)

やりがいは感じられるけれども働きにくい状態です。創業から間もないベンチャー企業なども往々にしてこの状態になりがちです。社員は創業者の夢と情熱にほだされて、昼も夜も休日もなく働きます。最初はそれでもよいでしょう。しかし同じような状況が5年、10年も続いているようでは、それはただの「やりがい搾取企業」です。組織がそうならないようにするためには、やはり働きやすさを高めていく必要があります。

しょんぼり職場(左下)

働きにくく、しかもやりがいも感じられない状態です。企業としての長期的な存続が危ぶまれるような職場です。

図40 働きやすさとやりがいがもたらす、働きがいのある職場

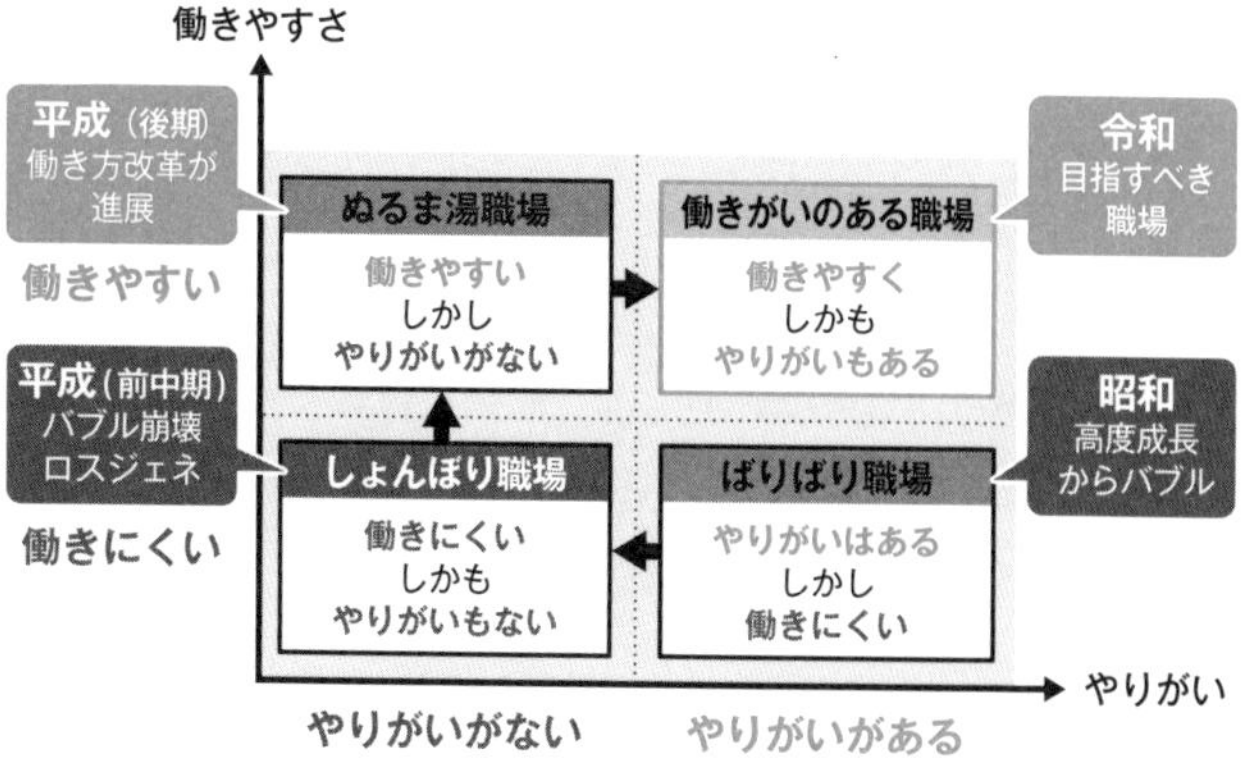

参考：GPTWジャパン資料

ぬるま湯職場（左上）

働きやすいけれども、やりがいが感じられない状態です。私が「働きがい」をテーマにした講演で参加者アンケートを取ると、平均すると全体の3分の2の参加者が自分の職場は「ぬるま湯職場」だと回答します。現在の日本企業で最も多いのがこの職場と言えます。

働きがいのある職場（右上）

右上の働きやすく、やりがいも感じられる状態、この2つの条件が揃ってこそ「働きがいのある職場」と言えます。

歴史をさかのぼって概観すると、日本では高度成長期からバブル期にかけて「**ばりばり職場**」が多くを占めていました。若い人はご存じないかもしれませんが、1989年には

栄養ドリンクのキャッチコピーだった「24時間タタカエマスカ」が新語・流行語大賞にランクインしています。昭和の時代は長時間労働が当たり前、それに耐え抜いて業績を上げ、自社に尽くすことが〝企業戦士〟のやりがいに繋がり、実際に頑張れば頑張っただけ、給与や役職が上がり、マイホームも付いてくるような時代でした。

けれども、平成に入ってバブルが崩壊すると、長時間労働などの条件が見直されないまま業績も伸び悩む企業が増え、結果として収入も上がらず、「しょんぼり職場」が目立つようになりました。

そんな状況を変えたのが、平成の後期から始まった「働き方改革」です。これにより、働きやすさの面はようやく改善されていきました。しかしながら、多くの企業では社員がやりがいをまだまだ感じられていない。「ぬるま湯職場」が多いのはそのためです。「ぬるま湯職場」が3分の2を占める日本の現状に対して、特に昭和的なモーレツな働き方で育った方は「今の職場はヤワになったなあ」と嘆かれるかもしれません。しかし、私はこの状況を非常に前向きにとらえています。なぜなら、少なくともしょんぼり職場からは脱却できているから。ぬるま湯職場に足りないのは、あとは「やりがい」だけです。

そのためには前述したように衛生要因と動機づけ要因を明確に区別する必要があります。「ぬるま湯職場」では一連の働き方改革が功を奏し、すでに衛生要因が整っているはずです。このような職場では、**衛生要因**ではなく今後は**動機づけ要因**に意識的に注力することが大切です。そうして、やりがいを高めることで象限を左から右にシフトし、「働きがいのある職場」になれる。日本企業の3分の2にあたる「ぬるま湯職場」の企業は、実は「働きがいのある職場」予備軍だと言えます。働き方改革が社会に浸透し一段落しつつある今日《こんにち》、令和の時代に日本企業が向かうべき企業像は「働きがいのある会社」なのです。

フィードバックの浸透を通じてやりがいを高める

では、どのようにやりがいを高めるのか。やりがいを高める施策は、働きやすさを高める施策よりもやや困難です。働きやすさの施策は比較的わかりやすく、残業解消、リモートワーク、連続休暇など働き方改革でその多くがカバーされています。また施策の実施に際しても、経営者が自ら動く必要性があるものは少なく、その多くは人事部門が主導して制度として実施できます。

一方で、やりがいの施策は、ビジョンやパーパスの浸透、経営層と社員との信頼感の確立、社員同士のエンゲージメントの醸成、など画一的な制度化が難しく、経営層も主体的な関与が求められる施策が多くを占めます。

コンカーでは以下のような3ステップから構成される「働きがいのドライバー」という考え方に沿って、各種の施策を実施しています（P262　図41）。

① **夢や志、大義との一体感**
② **〝視座の高さ〟と〝裁量の大きさ〟による自発的行動**
③ **成功や失敗を通じた成長の実感**

本書では「働きがいのドライバー」の詳細な解説は省き、前著『最高の働きがいの創り方』（技術評論社　２０１８年）に譲りますが、この中で注目していただきたいのは最終ステップを「成長の実感」としていることです。

マズローの欲求５段階説でも最上位の欲求は「自己実現欲求」つまり「成長の欲求」であったように、私自身も仮説として「成長」こそが、やりがいと働きがいを最も加速させる要素だと考えています。

そして「社員の成長を企業文化にしたい」、そんな想いから、コンカーでは社員同士が相互にフィードバックしながら成長を支え合う「**高め合う文化**」を標榜《ひょうぼう》しています。

整理すると以下のようになります。

「フィードバック」によって社員の「成長」が加速する
↓

社員の「成長」は、社員の「やりがい」に繋がる

↓

「やりがい」と「働きやすさ」が両立されている企業は、「働きがいのある企業」になれる

↓

「働きがい」は、「業績の成長」と「社員の幸福」に直結する

このように「フィードバック」活動を推進することは、間接的ながら、「働きがいの向上」を通じて「業績の成長」と「社員の幸福」に繋がっていきます。

図41　働きがいのドライバー

	ドライバー1	ドライバー2	ドライバー3
働きがいのドライバー	夢や志、大義との一体感	“視座の高さ”と“裁量の大きさ”による自発的行動	成功や失敗を通じた成長の実感
効果	組織のベクトルが一致する 仕事に対する誇りが高まる	組織内の協働や連携が促進される	成功を通じて自信が深まる 失敗すらも学びの機会になる
コンカーにおける各ドライバーの実践方法	**Concur Japan Belief** ミッション ビジョン コアバリュー	**働きがいの各種施策** 戦略の可視化実行 モニタリング コミュニケーション 認知・感謝 働きやすさ 人材評価 人材育成 人材採用	**高め合う文化** フィードバックし合う文化 感謝し合う文化 教え合う文化

02

How―フィードバック文化をどのように浸透させるか

フィードバック文化の浸透に向けて

ここからはフィードバック文化をどのように組織に浸透させるか、その方策について考えます。

すでに見てきたように、フィードバックはビジネスパーソンにとって重要なコミュニケーションスキルです。けれども、組織内でトップが、道徳の授業のように、「皆さん、積極的にフィードバックを実践しましょう」と呼びかけただけでは、フィードバックの輪は広がりません。大切なのは、社員同士がフィードバックし合うことが当たり前になる文化を創造し、組織内に根づかせることです。フィードバックが文化のレベルにまで落とし込まれれば、人々の思考が変わり、発言が変わり、行動が変わります。

組織文化は一朝一夕に築き上げられるものではありません。文化を創って根づかせるためには、それを下支えする仕組みや制度が必要となります。

本項では、組織のリーダーがフィードバック文化の浸透をどのように進めていけばよいのか、コンカーでの浸透活動を事例にご紹介します。コンカーでは大きく分けて以下の6つの取り組みを推進してきました（図42）。

①文化創りの決意と宣言
②プロトコル合わせ
③ＰＤＣＡ
④行動促進
⑤入り口戦略
⑥フィードバックの心理的安全性（本章04で詳細に解説）

①文化創りの決意と宣言──フィードバックを私たちの文化へ

2013年以降、私たちは、Ｐ247に挙げた2つの目標、「全世界のコンカーの中で米国法人に次ぐナンバー2の事業規模になる」「国内ＩＴ企業で最も働きがいのある企業になる」を達成するために、オフサイトミーティングをはじめとするさまざまな活動を通じて組織の課題を抽出し、打ち手を一つひとつ講じていきました。

図42 フィードバック文化の浸透に向けて

1 文化創りの決意と宣言

・経営者としてフィードバックを組織文化にすることを決意する
・社員に宣言して、具体的な活動を始める

↓

2 プロトコル合わせ

・フィードバックの理解がばらばらだとうまくいかない
・研修により自社におけるフィードバックのあるべき姿を合わせる

↓

3 PDCA

・フィードバックの実施状況を定期的に可視化する
・積極的な組織はほめ、消極的な組織は改善を促す

↓

4 行動促進

・アワード等、目に見える形で、フィードバックの実践を称える

↓

5 入り口戦略

・採用基準に文化適合度や価値観を重視する
・特にコーチャビリティの観点に重きを置いて評価する

6 フィードバックの心理的安全性 ※本章04で解説

・フィードバックを恐れない組織風土をつくる

その結果、組織の状態は順調に改善されていきました。事業規模の拡大に伴って、社員数は20人、30人と増えていきましたが、コンカーは比較的風通しのよい会社であり続けていました。

ところが、社員数が40人ぐらいを超えた頃のことです。「一部の社員が他部門の悪口を言っています」という話が私の耳に入りました。「あの部門は何をしているのかわからない」「あの部門は動いてくれない」。そんな批判を飲み会の席などで口にしている社員がいるというのです。

以前なら、他部門に対して言いたいことがあれば、その部門の人たちに直接言えばすんでいたのに、やはり人数が増えてくると、こういうことが起き始めるのかな……。そう思うと残念でならず、その社員を呼んで注意しようかとも考えました。

しかし、「対症療法ではいけない」と、社員を個別に注意するのは思いとどまりました。これからも組織が大きくなっていけば、いろいろな人がどんどん入ってくるし、似たようなことはまた起きるかもしれない。にもかかわらず、個別に注意を繰り返していても、結局は「モグラたたき」に終始してしまいかねない。そんな危惧を覚えて、抜本的な取り組みが必要だと考え直したのです。

ではどうすればいいのか。その時に私が思い出したのが、マッキンゼーの文化でした。誰もが誰とでもフィードバックし合うマッキンゼーの文化を、コンカーでも創造し、問題があれば社員同士が建設的にフィードバックし合うことを通じてお互いの成長を加速させる、そんな文化をコンカーに根づかせようと決意したのです。

その意志を私が全社員に伝えたのが、2017年の年初に開催した全社員が出席する〝オールハンズミーティング〟の場でした。コンカーでは、「陰で批判し合う文化」や「不満を抱え込む文化」ではなく、社員同士の建設的なフィードバックを根幹とする「**高め合う文化**」を創造していくと宣言しました。

なぜ「文化」に力点を置いたのかというと、文化は組織の「OS（オペレーションシステム）」になると考えたからです。システムのアプリケーションがどのように動作するかはOSに依拠します。これと同じように、社員の思考様式やふるまいは組織の文化に大きく影響されるのです。

世の中に「組織風土」の重要性を説く人は多くいます。けれども、風土は「日本の田園風景」のように人々の営みによって自然にでき上がっていくものです。組織風土とは単なる「組織の状態」にすぎません。

一方、「組織文化」は、「文化創造」「文化創り」といった言葉があることからもわかる通り、「どんな組織文化の会社にしたいのか」という意図を持ちながら、経営者が意識的にデザインして会社や組織に埋め込むものです。組織文化は強いパワーを持ち、無意識のうちに組織内の人々の思考や発言や行動に大きな影響を及ぼします。だから、「高め合う文化」を意図して創造していけば、それがやがて組織のOSになり、同僚や他部門との仕事において何らかの問題に直面したら、社員は、陰口や黙り込むのではなく、「高め合う文化」の精神にのっとってフィードバックを積極的に実践していくようになると考えたのです。

② プロトコル合わせ―フィードバック研修

ひと口にフィードバックと言っても解釈は人によってまちまちです。解釈のずれや基本的な知識の欠落は、社員同士の衝突や反目などの事故に繫がりかねません。たとえば、「人前でギャップフィードバックをしてはいけない」のような基本的な原則を知らずにフィードバックの活性化だけを呼びかけても、かえって人間関係の悪化を招いてしまいます。そのようなことが起こらないように、社員同士でプロトコルを合わせること、つまり共通言語化が不可欠です。

そこでコンカーでは外部の講師に依頼して、全社員向けにフィードバック研修を開催することにしました。フィードバック研修には全社員が参加必須とし、もちろん社長である私自身も出席しました。これによりベースとなるフィードバックの基礎知識を全社員が習得し、少しずつながら社員同士がフィードバックをし合う状況ができあがりました。

その後、日々、フィードバックを実践していく中で私自身にも多くの気づきがあり、改めてフィードバックの効果を目の当たりにしながら、「コンカーらしいフィードバックとは何か」を考える過程で、外部講師に頼るのではなく、私自身が自分の言葉でコンカーらしいフィードバックを社員に伝えるべきではないかと考えました。そこで仕事の合間や週末を使って準備を進め、2018年以降は私自身が講師となり、朝から夕方まで丸一日かけたフィードバック研修を実施し始めたのです。

以降、新入社員には全員、フィードバック研修を受けてもらっています。研修は年に数回、社員が多く入ってきた時期に合わせて開催し、前述の通り私が講師を務めます。

トップが自ら研修講師をするというと、風変わりな会社のように映るかもしれません。けれども、研修は単にスキルやテクニックの手ほどきをする場ではなく、会社の文化についての理解を深めてもらう場だと私は位置づけています。フィードバック文化を本気で浸透させるという決意が新入社員に伝わってほしい、「この会社では社長にでも、誰にでもフィードバックをしても大丈夫だ」と感じてほしい、そんな思いを込めながら講師を務めています。

また、コロナをきっかけにリモートワークに慣れたビジネスパーソンが増えました。そういう人たちにもオンラインでコンカー流フィードバックの考え方や技法を学んでもらったら、CSR（企業の社会的責任）活動の一環となるだろうと考え、2020年10月からは「コンカーアカデミー」と銘打って、社内向けのフィードバック研修の内容を社外向けにオンライン研修として提供を始めました。CSR活動ですから、もちろん無償です。

その後、フィードバックに関心を持った一般企業から、「自社向けに開催してほしい」との要望を多くいただくようになりました。スケジュール的な問題から個別企業への提供は基本的にはお断りしていますが、そうした企業からは、コンカーアカデミーやコンカーの新入社員向けの研修に相乗りする形で参加していただいています。たとえば2022年10月の開催分では、コンカーからの参加者38名に対して、3社の企業から150名超の方がゲスト参加しました。

本書を執筆するに至った大きな動機として、個別企業への研修をお受けできないので、せめて書籍を通じて経験や知見を広く共有したいとの思いがありました。

読者の皆さんがフィードバック文化の浸透を決意したとしても、社内の共通プロトコル作りに困る方が多いのではないでしょうか。本書を読み、得られたノウハウをひな形にして自社のプロトコル作りに活かしていただきたいと思います。

③ PDCA（Plan 計画、Do 実行、Check 評価、Action 改善）——フィードバックの実施状況の可視化

フィードバックを「高め合う文化」として浸透させることを社員に宣言し、全社員でフィードバック研修を受講したことで、フィードバックの組織的な展開が始まりました。し

図43　フィードバック実施調査―受けた・伝えた

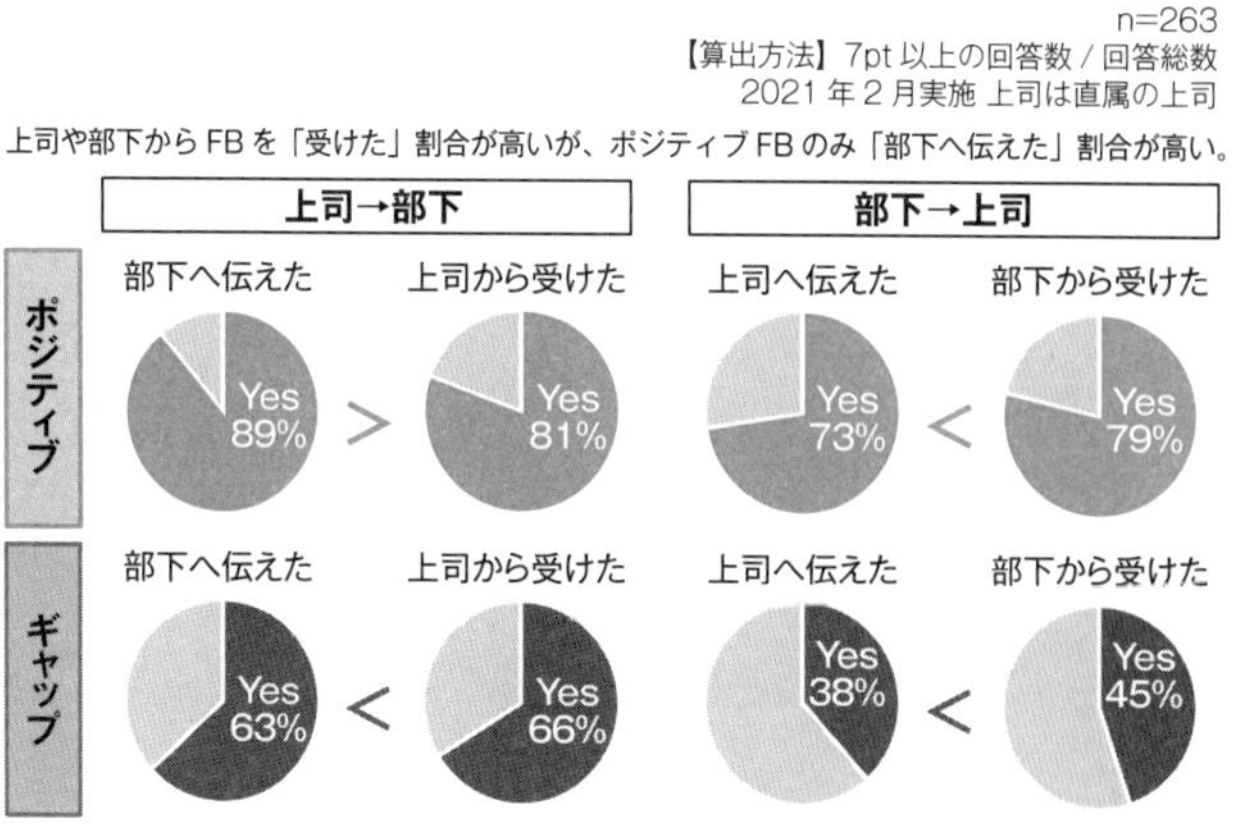

n=263
【算出方法】7pt以上の回答数／回答総数
2021年2月実施 上司は直属の上司
上司や部下からFBを「受けた」割合が高いが、ポジティブFBのみ「部下へ伝えた」割合が高い。

かし、ここで気を抜くわけにはいきません。どんな施策もそうですが、打ち上げ花火よろしく、定着せずにかけ声倒れに終わる危険性があります。

そこでフィードバックの実施状況を半年ごとに計測し、社内で公表するようにしました。図43は２０２１年２月の調査結果をグラフで示したものです。

これを見ると、ポジティブフィードバックは、「上司→部下」間でも「部下→上司」間でも「伝えた人」と「受けた人」がともに70%を超えており、まずまずの状況になってきたと言えそうです（「伝えた人」と「受けた人」の数字が若干違っているのは、双方に認識の違いがあるためです）。管理職も一般社員もお互いにいいところを見つけ合い、ほめ合う習慣が定着し始めています。

図44 フィードバック実施調査―スタイル分布図―マネージャー以上

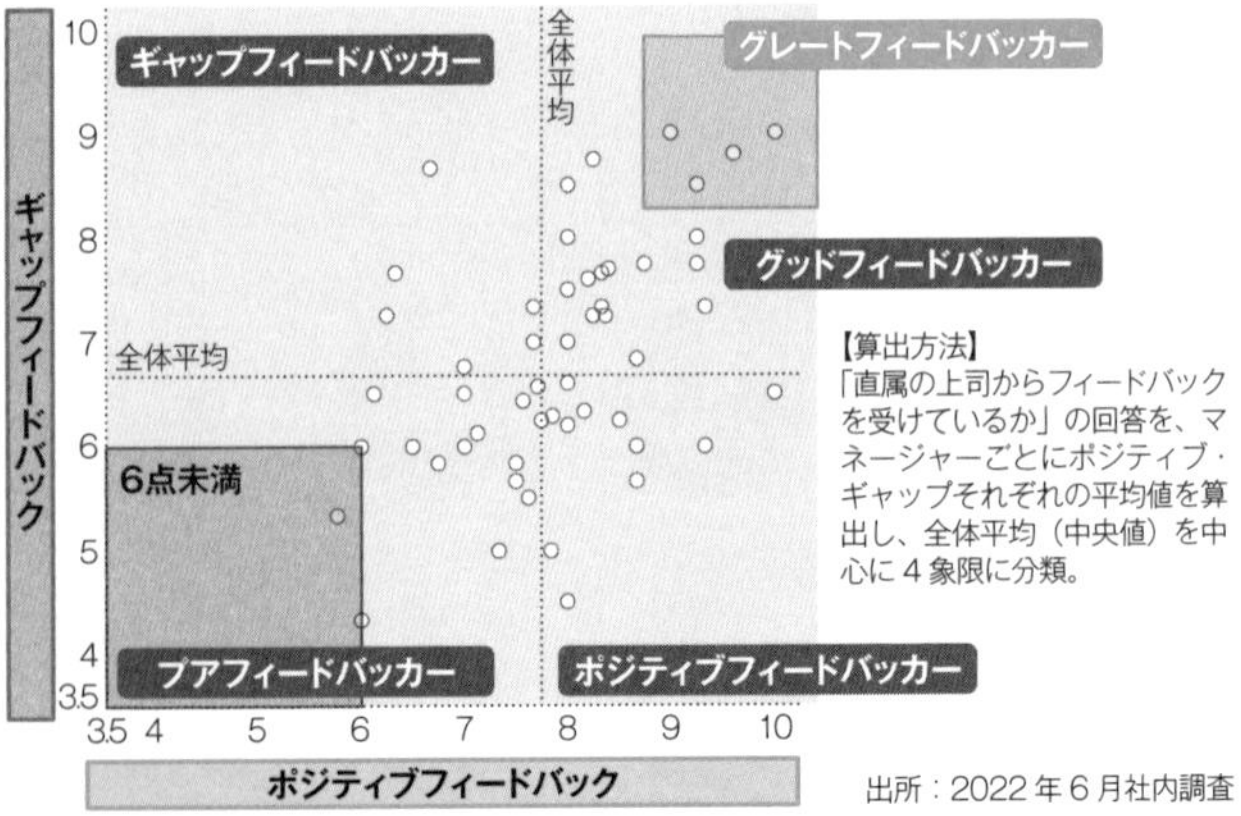

【算出方法】
「直属の上司からフィードバックを受けているか」の回答を、マネージャーごとにポジティブ・ギャップそれぞれの平均値を算出し、全体平均（中央値）を中心に4象限に分類。
出所：2022年6月社内調査

これらの結果の中で特筆すべきは、「部下から上司に対して」で38%の社員がギャップフィードバックを行っているところです。部下から上司へのギャップフィードバックは、部下が心理的安全性を感じていなければ難しいため、この数字はコンカーの社内に「高め合う文化」が根づき始めていることの表れでしょう。

フィードバックの実施状況のデータからはさまざまな洞察が得られます。その代表的な例が図44です。この分析では、コンカーの全管理職がそれぞれ自分の部下に対してどの程度、ギャップフィードバックとポジティブフィードバックを実践しているのかを調査し、全体平均（中央値）を中心とする4象限にプロットしたものです。

このように各象限にプロットすると、フィ

ードバックにおけるスタイルの違いが浮き彫りになります。各象限の意味は以下の通りです。

右上――ギャップもポジティブも多い人

「グッドフィードバッカー」と呼ばれる象限です。特にその中でも上位者は「グレートフィードバッカー」と呼んでいます。グレートフィードバッカーの管理職たちは部下一人ひとりにしっかりと時間を使って、それぞれの個性や考え方に合った対応をしています。部下にほめるべきところがあれば、タイムリーかつこまめにほめているし、課題や改善すべき点を抱えていれば、端的にビシッと指摘しています。その結果、周囲からの尊敬も集めており、私から見ても将来性を感じさせる頼もしい管理職たちです。

左上――ギャップフィードバックが多めな人

「ギャップフィードバッカー」と呼ばれる象限です。営業系部門に多い傾向があります。営業系の管理職は数字上の成果を追わざるを得ないため、比較的ギャップフィードバックが多めになりがちのようです。

右下――ポジティブフィードバックが多めな人

「ポジティブフィードバッカー」と呼ばれる象限です。間接部門に多い傾向があります。間接部門の管理職はチーム内の和を重んじるあまり、ポジティブフィードバックが多めになりがちなのでしょう。

左下――ギャップもポジティブも少ない人

「プアフィードバッカー」と呼ばれる象限です。平均値で象限を分けているので、どうしても4分の1程度の管理職はこの象限に入ってしまいます。幸い、「できているか、できていないか」の分水嶺と言えるスコア6点未満の管理職はコンカーにはほとんどおらず、この象限に入っている管理職たちもある程度はフィードバックを実践しています。しかし、平均より低いことは事実ですので、より活発なフィードバッカーを目指してもらっています。

この調査結果は、集計後、各本部長に共有されます。共有された図では、自分の本部の管理職の実名が明記された状態にしています。本部長たちはこの図を見ながら、配下の管理職たちとの1on1ミーティングで「あなたはギャップフィードバックはしっかりできているようだけど、ポジティブフィードバックが少ないと部下から思われているようです」などといったように、管理職へのコーチングに活かしています。

④ 行動促進—標語やアワードを活用する

フィードバックを促進するために、以下のような標語を考え、名刺入れや社員証ホルダーに入るサイズのカードに記載して社員が携帯できるようにしました。

「No Feedback, No Concur」：建設的にフィードバックし合うことが私たちの基本原則という意味
「立場を超えて、誰とでも」：上司も含む全方向と積極的に
「成長を願って、伝える」：伝え手の基本的なマインド
「心を開いて、受け止める」：受け手の基本的なマインド

行動促進のもうひとつのアプローチが「従業員アワード」です。どんな人がほめられ、どんな人が評価されているのか、社員はしっかりと見ています。アワードを通じて、会社として奨励したい行動を模範的に実行している人を評価することは、アワードの受賞者のみならず、ほかの社員に対する望ましい行動の促進という観点でよい効果を期待できます。

アワードには、優れたプロジェクトに貢献した社員に贈る「先進プロジェクト賞」や「戦略プロジェクト賞」など、さまざまな賞があります。そして、フィードバックの促進策としてあらたに制定したのが、優れたフィードバッカーに贈る「MVF（Mos

Valuable Feedbacker）」です。

このMVFは管理職と一般社員からひとりずつ、部下や同僚や上司に積極的にフィードバックをしている人を選出します。受賞者は各賞同様、社員からの他薦を募り、決定します。管理職のMVFに関しては、フィードバック実施状況調査の結果も考慮して決定しています。

アワードの表彰は年に2回、全社員が集うオールハンズミーティングで行い、各賞の受賞者には金一封の報奨金とトロフィーを贈呈します。それぞれの受賞理由についても社員に詳しく説明します。

⑤ 入り口戦略──文化適合度を重視して採用する

私の愛読書のひとつ、『ビジョナリー・カンパニー2　飛躍の法則』（ジム・コリンズ著／山岡洋一訳　日経BP　2001年）に、「誰をバスに乗せるか」という有名なフレーズが出てきます。企業が成長していくためには、適切な人をバスに乗せなくてはならない、乗せる人を間違えてしまうと、後々取り返しのつかないことになる。同書ではそのように、採用の重要性について警鐘を鳴らしています。

また、『最強チームをつくる方法』（ダニエル・コイル著／楠木建〈完訳〉、桜田直美〈訳〉　かんき出版　2018年）では、オーストラリアで行われた「腐ったリンゴの実験」が紹介されています。実験では、「性格が悪い攻撃的な人」「仕事しないなまけ者」「愚痴や文句の多い後ろ向きな人」がチームに入った場合、チーム全体の生産性を40％も落とすと論じています。〝腐ったリンゴ〟的な人物がどれだけ組織にダメージを与えるかを示す、わかりやすい実験結果です。

日本の労働環境では法律的に社員の雇用が強く保護されており、文化面の問題など定性的な課題は解雇理由にすることが難しく、組織に深刻なダメージを与える人物であっても辞めてもらうことが非常に困難です。このような人物が入り込まないように、入り口となる採用面接で慎重にチェックすることが大切です。

スタートアップ企業がしばしばつまずくのも、拡大期に人員増を急ぐあまり、採用で妥協してしまうためです。採用ミスはボディブローのように経営にダメージを与えます。創業期のコンカーがまさにそうでした。「とにかく即戦力を採らなくては」などと焦った結果、採用に甘さが出てしまい、適切な人をバスに乗せられなかったのです。

そうした教訓を踏まえて、現在のコンカーでは「入り口戦略」を非常に重視しています。つまり採用の時点でフィードバックを中心とした「高め合う文化」や、私たちの価値観である「コアバリュー」に適合し得る人材を採用するようにしています。いくら実務面での能力が高そうであっても、文化面でダメージを与えそうな人材は絶対に採用しません。

そのポイントを4象限で示したのが図45（P278）です。私たちは「文化適合度」を採用

図45　採用基準と文化適合度

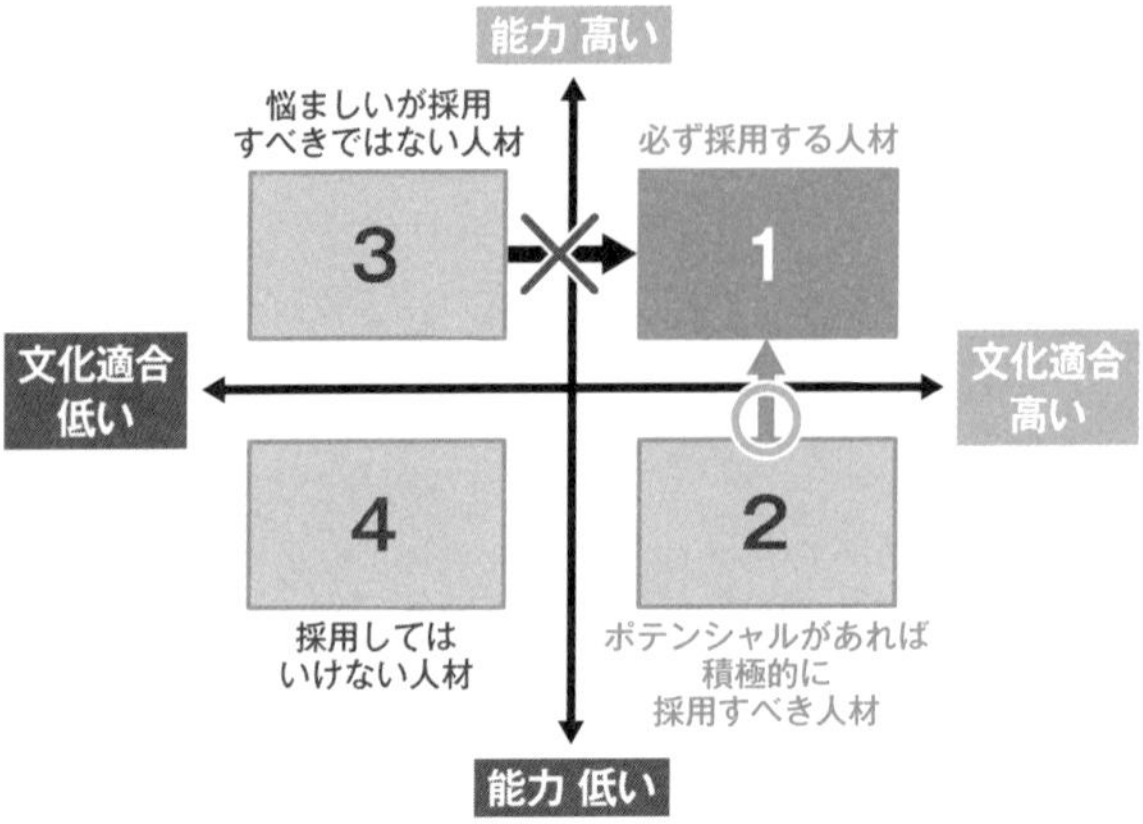

の前提条件と考えており、いくら能力が高くても文化適合度の低い人（象限③の人）は採用しません。その一方で、現状の実務能力は今ひとつでも、文化適合度が高く、入社後に成長するポテンシャルが認められる人（象限②の人）は積極的に採用します。

能力は入社後に伸ばすことができます。一方、文化適合度は生来の性格や価値観に起因する要素が大きく、入社後に大幅には変えられないからです。

文化適合度には、相手に問題を感じた時に批判や陰口ではなく建設的なフィードバックができる前向きなマインドの持ち主か、あるいはフィードバックを受けた時に耳の痛い話をも受け止められるコーチャビリティの持ち主か、といった観点が含まれます。

特に入社後の成長のカギを握るのがコーチ

ャビリティであることから、採用活動に携わる管理職たちの間では、常に「コーチャビリティ」がキーワードとして飛び交っています。

では、面接時に応募者の文化適合度やコーチャビリティをどのように見極めればいいのか。これについては、特にマニュアルがあるわけではありません。応募者と直接対話し、質問への反応や話し方から、その人の成長意欲や柔軟性を推し量るしかありません。むしろ、そうやって相手のコーチャビリティを見抜く力を養っていくことが管理職や経営層には求められていると言うべきでしょう。

トップが責任を持って面接に関与することも重要です。コンカーの社員数は年々増加し現在では315人となり（2022年10月時点）、年間、数十人単位で採用している現在も私が必ず最終面接に入ります。といっても、私が見るのは応募者の文化適合度やコーチャビリティだけです。応募者の業務経験やスキルについては、現場の管理職や本部長の面接で確認済みですから、私の役割は「文化的に会社に合う人かどうか」をスクリーニングすることです。

入り口戦略からは離れますが、昇格についても少し触れます。周囲からの適切なフィードバックが個人の成長を加速させることも、コンカー社内では明確に証明されつつあります。というのも、コンカーで2014年以降に新設した54の管理職ポストに就いたのは、すべて内部から昇格した人たちだからです。

現在、コンカーの社員は315名で、このぐらいの規模の外資系企業で管理職の100%が内部昇格というのは極めて異例です。外資系では、マネージャークラスは外部から経験者を採用するケースが多く、それが生え抜き社員のモチベーションを低下させる一因にもなっているのですが、コンカーではそういうことは一切ありません。

「高め合う文化」を創っていく中、フィードバックを交わし合うことで育った管理職予備軍が内部に十分揃っており、そういう人を昇格させた方が、前職での経歴は輝かしくてもコンカーの文化に合うかどうかわからない人を外部から採用してくるよりも、よほど理にかなっていると考えています。

03 What—フィードバック文化の実践に向けた施策・制度

図46のように、「高め合う文化」をベースにした基本動作としての日々のフィードバック活動とは別に、コンカーではフィードバックを促進するためにさまざまな調査や制度を運用しています。本項では各施策の内容を具体的に紹介します。

コンストラクティブフィードバック
―「いつでも言える」仕組みより、「定期的に言う」仕組みを

文化を創っていくためには、それを支える仕組みや制度が必要となります。そう考えて私たちが最初にスタートさせたのが、社内の声を幅広く吸い上げる「コンストラクティブフィードバック」制度でした。

これは全社員を対象とするアンケートで、会社や他部門や上司の「優れている点」と「要改善点」を記入して提出してもらうようにしました。

「コンストラクティブ」という言葉を名称に盛り込んだのは、「建設的に」というニュア

図 46　フィードバックを促進するさまざまな施策

分類	施策	誰と誰が	方向	形式	頻度	概要
調査	コンストラクティブフィードバック	社員から会社へ	片方向	オンライン入力	年1回	強みと課題、打ち手の案を伝える
		社員から他部門へ				
		社員から上司へ				
	パルスチェック	社員のメンタル状態	片方向	オンライン入力	四半期ごと	メンタル状況を伝える
	部門間連携調査	部門と部門で	双方向	オンライン入力	年1回	他部門との連携のしやすさを評価する
	相棒調査	個人と個人で	双方向	オンライン入力	年1回	他部門で協働している社員を評価する
	感謝の手紙	個人と個人で	双方向	オンライン入力	半年ごと	感謝の気持ちを伝える
対話	1on1ミーティング	個人と上司で	双方向	対面	定期開催	業務の相談とは別にフィードバックの機会にする
	コミュニケーションランチ	個人と上司で	双方向	対面	随時	カジュアルな会話に加えフィードバックの機会にする
	タコランチ	個人と他部門の上司で	双方向	対面	随時	他部門の管理職とのコミュニケーションランチ
	タコめぐり	個人と他部門の上司で	双方向	対面	四半期ごと	他部門の管理職と知り合う機会を提供
	Sync（シンク）ミーティング	管理職と管理職で	双方向	対面	定期開催	管理職同士が定期的にコミュニケーションする機会

ンスを強調するためです。当初は無記名で始めましたが、よさそうなフィードバックでも内容があまりにも抽象的で対応できないケースが多かったため、本人に意図を確認できるように、後に記名式に改めました。

このコンストラクティブフィードバックを実施するのは、年1回5月、オフサイトミーティングの直前と決めています。社員が記入した内容のうち、会社に対するものは、会社に対するギャップフィードバックとして受け止め、経営陣で合宿を開催して議論していま す。議論の結果として出てきた具体的なアクションプランは、数週間後に開催されるオフサイトミーティングで全社員に向けて発表します。社員からの声を吸い上げる施策を運用している企業は多くありますが、聞きっぱなしになっていることが多いのではないでしょうか。それでは次の調査で、どうせ「聞きっぱなしにされるんだろう」と社員はしらけてしまいます。そうならないためにも、調査後に間を置かず、調査結果の分析や短期的に実施できるアクションプランを発表することが大切です。

他部門に対するフィードバックは、各部門がそれぞれの合宿などで改善策を考え、各部門の本部長からオールハンズミーティング（全体会議）で対策などを発表してもらっています。

上司に対するものは、上司の上司に当たる本部長がいったん引き取ってから本人に伝える、というふうに運用しています。

上司に対するギャップフィードバックについては、記入する社員が「本人に直接伝えないでください」というフラグをつけることもできます。部下として上司の問題点を会社や本部長には伝えておきたいけれど、それが上司本人に知られてしまうのは困る、そんな社員の複雑な心情に配慮しています。このフラグがついている場合、本部長はフィードバックの文言をそのまま本人に伝えるのではなく、適宜、内容を噛み砕いたり表現をソフトに変えたりして慎重に伝えます。

コンカーのコンストラクティブフィードバックについて、社外の方と話していると、「当社も同じようなことをやっています。目安箱を置いて社員の声を常時吸い上げています」と言われることがよくあります。

しかし、コンストラクティブフィードバックは目安箱とは異なりますし、私は目安箱方式をお勧めしません。目安箱は「いつでも意見を言える」仕組みではありますが、だからこそ、「いつまでも意見を言わない」仕組みになってしまいがちだからです。読者の皆さんは仕事にせよ、プライベートにせよ、目安箱のようなものに意見を入れたことはありますか？　おそらく多くの方は経験がないと思います。

その点、コンストラクティブフィードバックは年に一度実施する一斉アンケートで、全社員が回答必須です。アンケートの回答状況は部門別に可視化され、管理職は自分のチームの部下全員のアンケートを集める責任を負うので、最終的には社員全員からフィードバックが集まります。すべての社員は提出期限が迫ってきたら、日常業務の手を少し休めてでも、会社や他部門や上司に対して抱いている問題意識や建設的な打ち手を思いめぐらせることになります。

目安箱方式のもうひとつの問題は、どうしてもノイジーマイノリティ（声の大きい少数者）の声が集まりやすくなることです。少数の意見に耳を傾けること自体はもちろん大切です。しかし一部の偏った問題意識に経営層が過剰反応して振り回されると、社内に混乱が生じかねません。より大切なのは、サイレントマジョリティ（物言わぬ多数者）からできるだけ多くの声を拾い、組織内に広く底流する問題意識を把握することなのです。

パルスチェック――社員のストレスと心理的安全性を把握する

社外の方々にコンカー流のフィードバックについてお話しししていると、「自分の上司にギャップフィードバックをするのはやっぱり不安です」と言われることがあります。

確かに、社員が自分の考えや気持ちを誰に対しても安心して伝えられる「心理的安全性」を感じていなければ、上司へのギャップフィードバックはしづらくなります。上司との関係が良好でない人や、キレやすい上司の下で働いている人に、「上司にも遠慮せずにギャップフィードバックをしましょう」と呼びかけても、酷なだけです。

フィードバックの文化を浸透させていくためには、その前提として、組織内に心理的安全性が担保されていなくてはなりません。私たちは「**パルスチェック**」という仕組みによって、これを把握しようと努めています。

パルスチェックは四半期に1度、全社で実施する記名式のアンケートで、質問は以下の通りです。

仕事量スコア

① 仕事量は適切ですか?

② 自分で仕事の順番・やり方・ペースを決めることができますか?

組織スコア

③ 自分の部門の雰囲気は友好的ですか?

④ 上司との雰囲気は友好的ですか?

⑤ 働くうえで、人との繋がりや絆を感じていますか?

心身スコア

⑥ 気持ち面での調子について聞かせてください。

⑦　体力面での調子について聞かせてください。

やりがいスコア

⑧　仕事や研修を通じて、学び、成長している実感がありますか？
⑨　過去3カ月の仕事の充実度について聞かせてください。
⑩　今後3カ月の仕事に対して、ワクワクしていますか？

ハラスメントチェック

⑪　自分が何らかのハラスメントに遭っていますか？
⑫　社内で何らかのハラスメントに遭っている社員はいますか？

このうち心理的安全性に関わってくるのは、主として③④⑤の組織スコアですが、それ以外にもさまざまな角度から問いを設定していることがおわかりいただけるかと思います。①〜⑩は10段階で、⑪⑫は「はい／いいえ」で回答してもらいます。

このパルスチェックは、年に1回のコンストラクティブフィードバックよりも高い頻度（四半期に1回）で実施しているので、その時々の社員が置かれている状況や心身の状態がスコアにはっきりと反映されます。

図 47　パルスチェック──スコアの変化も注目

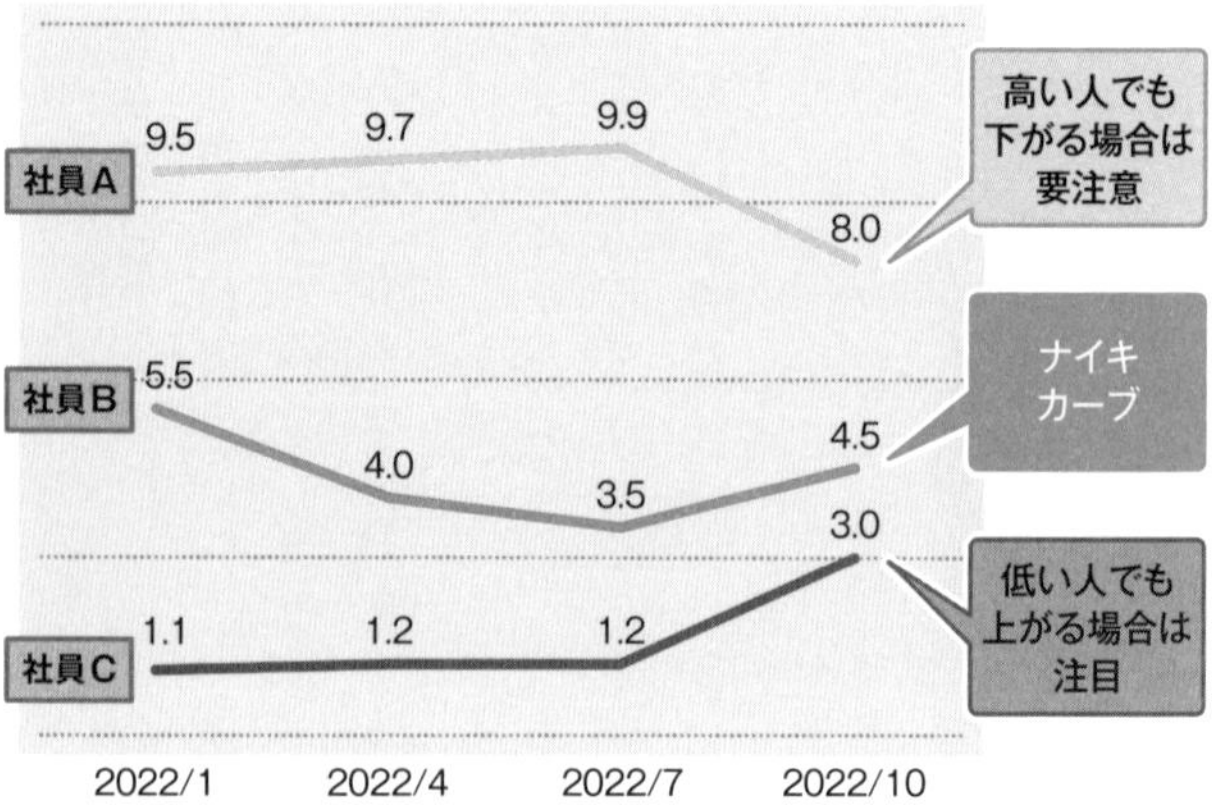

また、個々人のスコアを継続的に追っていくことによって、社員の変化にタイムリーに気づくこともできます。図47を見ると、平均は高くても急にスコアが下がる人（社員A）もいれば、いつもスコアが低いけれども、突然スコアが上昇に転じる人（社員C）もいます。

最も要注意なのは、連続して下降していたスコアが上昇に転じる人（社員B）です。このような折れ線を私は「ナイキカーブ」と呼びますが（スポーツメーカー・ナイキのロゴマークに似ているからです）、スコアがこのように推移している人は退職を決意している可能性があります。落ち込んでいた気分が、転職が決まったことですっきりしたため、低下基調だったスコアがフワッと上がったのかもしれないのです。

毎回、パルスチェックが終わった後、私は

7人いる直属の本部長一人ひとりとセッションを持ち、30分から1時間かけて結果とレビューしています。スコアが大きく下がっている社員がいる場合は理由を分析し、そのうえで個別にヒアリングをするとか、上司や本部長からランチなどに誘って話を聞くなど、適切なアクションを検討します。上司との関係性に深刻な問題を抱えていそうな社員には、上司からのフォローは逆効果になり得るので、カウンセラーの資格を持つ人事担当者に入ってもらい中立的な立場から話を聞いてもらいます。

スコアが連続して下がっている社員については、ナイキカーブが現れる前に話を聞き、職種変更や部門異動といった手を打つようにしています。つまり退職によってではなく、社内人事によってナイキカーブをつくり出すわけです。以前は、ナイキカーブが発生してから、「あぁ、退職を決意してしまったのか」と手遅れになっていましたが、近年はこうしたアクションが奏功して転職を思いとどまり、別の部門や役割でいきいきと活躍してくれる社員が多くいます。

近年、パルスチェックと同じような社内調査を行っている企業は増えつつあります。しかし、スコアの全社平均や部門平均といった統計的な数値だけを見て、一喜一憂しているだけでは、こうした仕組みは十分に機能しません。この種の調査に欠かせないのはレビューとアクションです。

社員のモチベーションや上司との関係性を把握し、組織内における心理的安全性の維持に活かすことによって、フィードバック文化を下支えする仕組みのひとつにしています。

部門間連携調査——部門と部門の間の目詰まりをなくす

部門を超えた協働を促進するためには、部門間で連携が順調かどうか、状況をモニタリングする必要があります。そのために私たちが実施しているのが「**部門間連携調査**」です。

部門間連携調査は、年1回、各部門の社員が他部門に対して「どの程度連携しやすいと感じているのか」を10点満点で採点してもらうというものです。これはいわば、部門から部門へのフィードバックに当たります。

この調査結果をヒートマップ（図48）のように分析すると、一部の部門と部門の間で連携が上手く回っていない状況が可視化され浮き彫りになります。つまり協働の〝目詰まり〟がどこで発生しているか一目瞭然でわかるのです。問題が発生している両部門の部門長同士でミーティングを開いてもらい、課題と原因を議論し、どのようにすれば解決できるのか打ち手を考えてもらいます。

この調査は、社員の目線からの仕事のプロセスに対するフィードバックと言えます。

図48　部門間連携調査―連携しづらい部門別分析

非常に連携しづらい	連携しづらい	連携しやすい	非常に連携しやすい
1	2	3	4

自部門	相手部門							
	部門A	部門B	部門C	部門D	部門E	部門F	部門G	部門H
部門A		3	3	2	3	2	3	3
部門B	3		2	3	4	4	4	4
部門C	4	4		3	2	1	4	4
部門D	3	3	3		3	3	3	2
部門E	1	2	4	2		3	3	3
部門F	3	4	4	3	3		4	4
部門G	4	2	3	4	3	4		4
部門H	3	3	1	3	3	4	4	

相棒調査
―部門を超えた仕事のパートナーと うまくやれているか可視化する

「**相棒調査**」は、部門は異なるけれども日常業務でサポートし合う関係にある社員たちが、お互いにどのように感じ合っているのかを知る仕組みです。たとえばコンカーの場合、営業と技術営業は別部門ですが、それぞれに担当が決められています。つまり、その人たちは相棒同士なのですが、いくらフィードバック文化が浸透しているコンカーでも、関係が悪化するリスクを危惧して、重めのギャップフィードバックは躊躇してしまうことがあります。

この調査では、社員が自分の相棒を10点満点で評価し、コメントをつけることもできます。したがって、これも人工的なフィードバックの機会であり、複数の相棒がいる社員は各方面からフィードバックを受ける機会が得られます。

感謝の手紙──普段は照れ臭くて言えない感謝の気持ちを贈り合う

コンストラクティブフィードバックの設問項目を考えている時のこと、せっかく社員の声を集めるのだから、普段は照れ臭くて口に出せないような感謝の気持ちを社員同士が伝え合う仕組みも取り入れてみたらどうだろうかと考えました。

それが「**感謝の手紙**」で、実際にやってみたところ、さまざまなメッセージが数百件も集まりました。社員はこういう機会を求めていたのだと改めて実感しました。

それ以降、「感謝の手紙」は年2回のペースで続けています。会社でオンラインの入力フォームを用意し、社員に匿名で入力してもらいます。匿名方式を採用しているのは、手紙の送り主が照れ臭さを感じずにすむからです。

入力されたメッセージは、メールなどで当事者に送るのでは味気ないので、事務局が和紙など素敵な紙に印刷して本人に渡す（または郵送する）という仕組みです。デジタルの時代ですが、心に響くようにあえてアナログなテイストを残して運用しています。

もちろん、手紙を送り合うのは感謝の気持ちを伝えることが目的ですから、強制ではありません。しかし、直近の回（2022年7月）では4千件超のメッセージが集まりました。社員数が約300ですので平均すれば、1人が10人以上に送り、10人以上から受け取っている計算になり、ポジティブフィードバックを促進する仕組みとしても機能しています。

社員同士が感謝の気持ちを伝え合う方法にはさまざまなものがあります。最近は少額のボーナスとして「換金できるポイント」を贈り合うシステムも普及しつつあり、実はコンカーの米国本社でも導入されています。日本法人でも一時期、現場の社員たちから「導入してほしい」という声が上がりました。

けれども、こうしたシステムは私の信念に合いません。「仕事で手助けしてあげるから、ポイントをつけてほしい」とか、「手助けしてあげたのにポイントがもらえなかった」などと損得勘定を働かせる社員が出てきてしまいかねず、他者から感謝される行為を金銭的なインセンティブによって誘発するという発想にも違和感を覚えます。

また、この種のシステムは「随時、ポイントが贈り合えること」を特徴としており、その点にもやや疑問を感じています。目安箱同様、「いつでもできる」仕組みは、「いつまでもやらない」仕組みになってしまいかねません。それに頻繁にやる人とやらない人の二極化も懸念されます。そう考えて、「感謝の手紙」はコンストラクティブフィードバックと同じように、あえて定期イベントとして運用しているのです。

「感謝の手紙」は、受け取った本人だけでなく、その上司にも共有します（上司への共有はオンラインのリストです)。それは、普段は目につきにくい部下の行動が、どんなふうに周囲から感謝されているのか、上司としてしっかりと理解を深めるためです。

1on1ミーティング――定期的なフィードバックの機会に

近年、上司と部下が1対1で定期的に面談する「1on1ミーティング」を導入する日本企業が増えてきました。外資系ではかなり昔から取り入れている企業が多く、コンカーでも法人立ち上げと同時に1on1ミーティングを始めています。

1on1ミーティングは日々の業務の報告や相談だけではなく、フィードバックの機会にもなっています。つまり、コンカーでは、上司と部下が互いにフィードバックし合える場が人工的に用意されていると言い換えてもいいでしょう。

ミーティングの頻度は上司・部下の双方が置かれている状況に従って設定し、たとえば私の場合、営業部門と管理部門のトップとはウィークリーでやっていますが、ほかの本部長たちとはマンスリーでやっています。また直属の本部長だけではなく、頻度の違いはあれども約50名のすべての管理職と1on1を実施しています。その際には、最後にできるかぎり、「私や会社へのフィードバックはありますか」と尋ねるようにしています。管理職全員に「1on1では部下に対してフィードバックを求めましょう」と奨励しているため、同じようにしている管理職は多いはずです。

コミュニケーションランチ――上司と部下の潤滑剤に

コンカーでは、ランチの場で上司と部下が日々の業務以外のこともざっくばらんに話す「コミュニケーションランチ」も推奨しています。

オフィスの中での1on1ミーティングでは、話題が直近の業務のことに偏りがちで、それ以上の話にはなかなか膨らみません。けれども、外に出てきれいな景色を眺め、ゆったりと座って食事をしながら会話を交わしていると気分が変わり、家族や趣味のこと、あるいは将来の夢やキャリアも話しやすくなります。そういう場でお互いにフィードバックし合うと、自ずといい雰囲気が醸成されます。

タコランチ――他部門の管理職を相談相手に

このコミュニケーションランチは、スタート以来、社員の間で「上司と部下がより親密な関係を築く機会になる」などと好評でした。そこで上司・部下という縦の関係だけではなく、斜めの関係でも同じことができないかと考えて始めたのが、部門の異なる管理職と一般社員のコミュニケーションランチです。他部門の「タ」とコミュニケーションの「コ」を繋げて「**タコランチ**」と命名しました。

一般社員は、直属の上司には言いづらい悩みを抱えていたりするものです。しかし、たとえば隣の部門の管理職が相手なら話しやすいと感じる社員もいますし、少し離れた場所から客観的に見てくれている管理職からのアドバイスなら素直に耳を傾けられるという社員もいます。

また風通しのよいコンカーであっても、上司と部下が人間である以上、相性の問題が時折、発生します。上司との人間関係に人知れず悩んでいる一般社員にとってみれば、他部門の管理職との会話が救いになることは少なくありません。

タコランチはそのためのコミュニケーションの場です。タコランチを通じて、一般社員が他部門の管理職とも親密な関係を築いておけば、いつかフィードバックがほしくなったり、悩みの相談に乗ってほしくなったりした時に、自分から求めにいきやすくなるという効果も期待しています。

コロナ禍以降、リモートワークが定着し、ランチの機会を持つことが難しくなりました。最近は、「**タコティー**」と称して、ざっくばらんにお茶をしながらリモートミーティングを持つ社員が増えているようです。

タコめぐり――他部門の管理職と知り合う機会を創出

ただ、一般社員にしてみれば、いきなり他部門の管理職をランチに誘うのは気が引けるかもしれません。そう考えて、2021年5月から始めたのが「タコめぐり」です。

これはリモートワーク下の新たなコミュニケーション施策として導入したもので、すべての管理職の1時間を確保し、オンライン会議システムを使って管理職と一般社員との対話を15分ずつ、計4回行うという取り組みです。一般社員は1時間の間にランダムでマッチングされた管理職4人と対話できます。15分という短い時間ですから、自己紹介程度の話しかできないかもしれませんけれども、特に社歴の浅い社員にとっては、他部門の管理職と交流し、顔見知りになるきっかけを得られます。

社員にとって顔見知りの管理職が増えれば、実務上のネットワークにもなりますし、直属の上司との関係性や将来のキャリアで悩んだ時の相談相手にもなります。

Syncミーティング――管理職間のシンクロナイゼーションを図る

企業では、部門間でさまざまな利害のぶつかり合いがあり、お互いの溝が深まってしまうことがあります。部門を超えて協働しなければならない業務は数多くあるにもかかわらず、各部門が自分たちの担当範囲を狭く線引きした結果、重要なタスクが宙に浮いてしまったり（いわゆるポテンヒット）、部門同士が互いに責任を押しつけ合ったりする現象が起きやすくなります。

こうした組織のサイロ化やタコツボ化を予防するために、業務で密接な関係にある管理職同士で「**Sync（シンク）ミーティング**」と呼ぶ対話の機会を持つことを奨励しています。「Ｓｙｎｃ」は「Synchronization（シンクロナイゼーション）」の略です。

ミーティングの組み合わせは、基本的に、現場をよく知っている個々の管理職に任せていますが、部門間でしょっちゅう揉めているケースが見受けられた場合には、私から当該部門の管理職たちに対してＳｙｎｃミーティングを設定するように勧めています。

ただでさえ管理職は多忙であり、揉めている相手と話すのはなおのこと気が乗らないと感じている人もいるでしょう。しかし、お互いに不満を溜め込んだまま業務に支障をきたしてしまうよりは、感じていることをフィードバックし合った方がいいので、「特に用事はなくても、カレンダーに日程を書き入れて定期的に話してください」とお願いしています。

リモートワーク時代のフィードバック

新型コロナウイルス感染症のパンデミックが起きる前まで、私はリモートワーク（在宅勤務）に慎重で、制度としても許可はしているものの対象職種を限定するなど、消極的な運用をしていました。社員同士のエンゲージメントや絆は、ひとつのオフィスで同じ空気を吸っているからこそ醸成されるものであり、リモートワークではそれが成り立たないと思い込んでいたからです。

ところが、2020年、突如として始まったコロナ禍によって、私たちの働き方は一変しました。強制的に社員全員がリモートワークに突入してしまったのです。やるならば、「リモートワーク時代における働きがいとはどうあるべきかを考えよう」と決意し、「働きがいネクストステージ」と題してさまざまな施策や制度を実施しています。一例として、短期・長期のワーケーションや遠隔地への移住ができる「ワーク・フロム・エニウェア制度」もスタートさせました。この制度を活用し地方に移住する社員も増えています。

コロナ禍が落ち着きを見せ始めている今日《こんにち》でも、「出社するか、在宅で働くかは100%社員に委ねる」方針を継続しており、現在、リモートで働く社員の比率は9割を超えています。

リモートワークにおけるフィードバックの実践には当初は難しさも感じました。訪問先からの帰路にポジティブフィードバックをするとか、ミーティングの終了後にオフィスの廊下で気づきのギャップフィードバックをするといったコミュニケーションができなくなったためです。

しかし、試行錯誤を重ねた末に、たとえばオンラインによる顧客とのセッションや社内ミーティングの後は、すぐに「退出」ボタンを押すのではなく、フィードバックの時間を取る、1on1ミーティングは必ずフィードバックで締めくくる、リモートだからこそポジティブフィードバックをもっと伝えるように心がける、といった新習慣を提案し、社員に実践を呼びかけています。

04 心理的安全性──フィードバックを恐れない風土をつくる

心理的安全性とは

心理的安全性とは1999年にハーバードビジネススクールのエイミー・C・エドモンドソン教授が提唱した概念です。特に米グーグル社が実施した「プロジェクト・アリストテレス」と呼ばれる社内調査において、「組織のパフォーマンスを高める最も重要な要素は心理的安全性である」と報告したことによって一層の注目が集まりました。

心理的安全性とは、上司や同僚とのコミュニケーションにおいてリスクのある行動、たとえば「大多数とは異なる意見を言う」「周囲は無理だと思うような挑戦的なプロジェクトを提案する」などをするときに周囲にどう思われるか心配せず、安心して行動に移せるかどうか、つまり「無知、無能、ネガティブ、邪魔だと思われる可能性のある行動をしても、このチームなら大丈夫だ」と信じられるかどうかを意味します。

心理的安全性の高い職場では、「他者の意見を頭ごなしに批判しない」「異なる意見や考え方を尊重する」などのように建設的な思考や多様性を認める価値観が根づきます。そうした自由に意見を言い合える精神性の中で組織のパフォーマンスは高まり、失敗を恐れない気持ちが育まれ、イノベーションも生まれてくる、という考え方です。

フィードバックは、伝え手がよかれと思ってしたものでも、受け手には「批判や非難をされている」などとネガティブに曲解されかねないリスクを孕《はら》むコミュニケーションです。フィードバックすることに心理的安全性が感じられない職場では、相手に嫌われたり、反発されるリスクを取ってまでフィードバックしようとする人は限られてしまいます。こうなってしまっては相手に問題があっても建設的に伝えるコミュニケーションは発生せず、行き場を失った不満が、陰口や中傷となって組織の雰囲気を悪くします。

本書をここまで読み進めた読者も、ご自身が属する組織にはフィードバックの心理的安全性があまり感じられず、「フィードバックの意義はわかったけど、うちの職場じゃ無理だよなあ……」と、実践に踏み出す勇気を持てない方も多いのではないでしょうか。

ハイコンテクスト文化の日本社会において、組織に属する人々が不安を感じず安心してフィードバックし合える風土は、残念ながら自然発生することは滅多にありません。経営者やリーダーが「自分の組織におけるフィードバックの心理的安全性を高めるんだ」という強い意識を持って組織的な活動を行う必要があります。

フィードバックの心理的安全性を高める4つの視点

では組織においてフィードバックの心理的安全性を高めるにはどうしたらよいのか、4つの視点から考えていきます。

① 組織範囲の視点

まずは組織範囲の視点です。フィードバックは個人の取り組みではなく、組織全体で奨励することが大切です。個人がいくらフィードバックのスキルを高めても、フィードバックの土壌が一切ない組織では、伝えることに躊躇してしまうし、たとえ勇気を持って伝えても曲解されかねません。

コンカーやマッキンゼーのように会社全体でフィードバックをすることが当たり前の組織では、フィードバックを伝えることにも、受け止めることにも抵抗感が低くなります。

コンカーにおけるフィードバック文化浸透の第一歩は全社員への宣言でした。全社員会議で、「これからはフィードバックを全社員で実践していきましょう。そして〝高め合う文化〟の確立を目指しましょう」と宣言しました。最初は「何を言い出したんだ」と社員はきょとんとした顔で聴いていましたが、フィードバックが個人の成長にもたらす絶大な

図49　フィードバックの心理的安全性を高める4つの視点

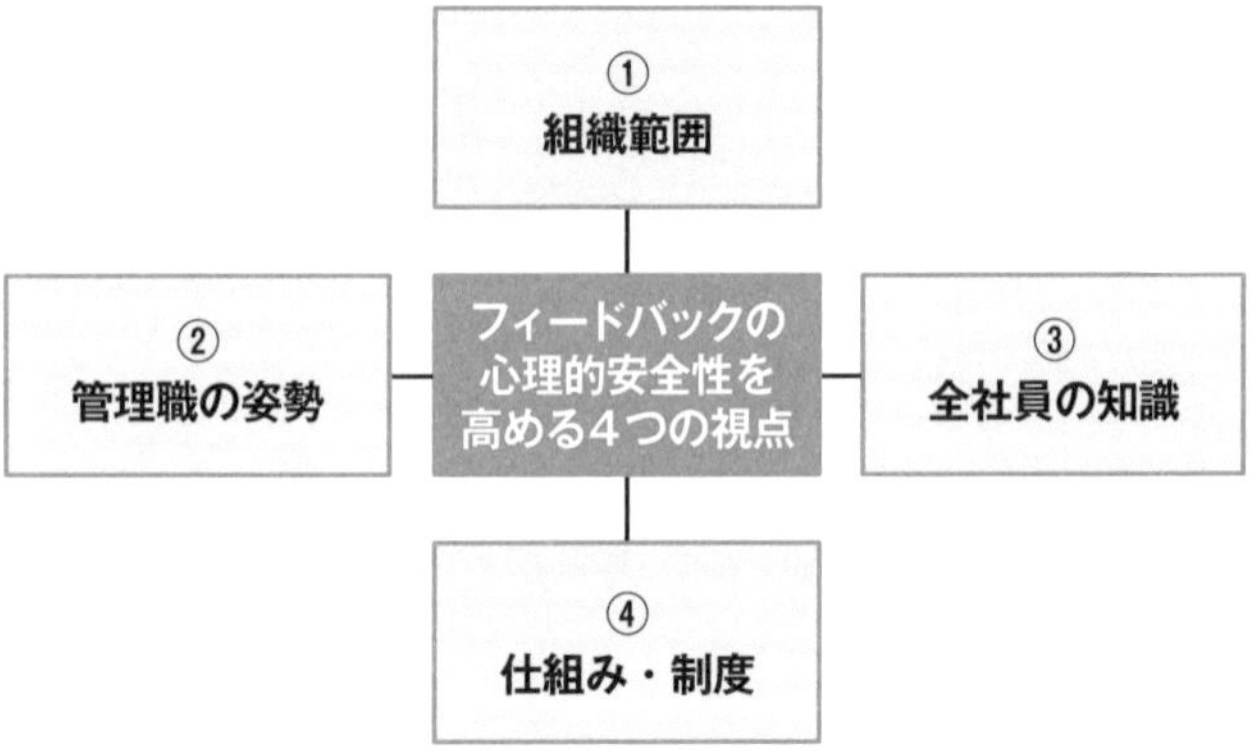

効果や風通しのよい組織になるために必要な活動であることをしっかりと説明し、フィードバックの大切さを理解してもらいました。

個人よりも部門単位で。部門単位よりも全社で。できる限り広い範囲でフィードバックを実践することで、心理的安全性は高まります。

以前、マッキンゼーを退職した同僚と食事に行った時に、「転職先で上司にフィードバックしたら、それ以来、関係が悪化してしまった」と悩んでいました。「フィードバックが常識の組織」から、「フィードバックが非常識の組織」に転職したことで生じた悲劇だったように思います。この悲劇のようにフィードバックのマインドを持った社員が孤立してしまわないよう、経営者やリーダーは「フィードバックが常識の組織」作りを目指してください。

②管理職の姿勢の視点

管理職の発言やふるまいは組織の〝空気〟に大きな影響を与えます。尊大で傲慢な態度の管理職に対して、部下は決してフィードバックしようとしません。またそのような管理職のもとで育った部下たちは、同じように傲慢な態度の管理職に育ってしまうものです。管理職から部下へと、よい遺伝子も、よくない遺伝子も連綿と引き継がれ、会社の文化や風土が形成されていきます。

管理職は組織のかなめ石です。部下に対して愛情を持ってフィードバックし、また部下からのフィードバックに対して謙虚に耳を傾ける、そんな姿勢であるべきです。

管理職が部下に対して「何かフィードバックはありませんか」と自ら求め、たとえそれが耳の痛いフィードバックであったとしても「フィードバックをくれてありがとう」と言えるかどうか。こうした管理職の謙虚な姿勢を見て部下には、「上司にすらフィードバックをしていいんだ」「自分も上司のように謙虚にフィードバックを求め、真摯に受け入れられるようになろう」とフィードバックし合うことに前向きな意識が育まれます。

いくら組織全体でフィードバックを実践しようとしても、真逆のマインドの管理職がいては大きな阻害要因になりかねません。今一度、現在の管理職たちの資質を振り返り、ブレーキになりそうな管理職には意識の転換を促すとよいでしょう。

また長い目で見れば、管理職の昇格基準を見直すことも視野に入れてください。「人柄には多少の問題はあるが、実務能力が高いので目を瞑《つむ》る」、そんな実務能力第一主義の昇格は避けるべきです。愛情のあるフィードバックで部下を育て、耳の痛いフィードバックであっても真摯に受け止められる。こうした人柄を持っているかどうか、昇格の際には考慮すべきでしょう。どんな人が昇格しているのか、社員たちはしっかり見ていることを忘れてはいけません。

③ 全社員の知識の視点

全社員でフィードバックの基礎知識を理解しておくことも大切です。「詰める」ことをフィードバックと称している管理職もいるでしょうし、「フィードバックは上司からされるものであって、一般社員の自分がするものではない」と思い込んでいる社員も多いでしょう。

たとえ、「今後は全社でフィードバックを実践します」と宣言しても、社員がフィードバックの基礎知識を有していなければ、「とは言うものの、どうやったらいいんだろう?」と誰もが戸惑い、かけ声倒れに終わりかねません。

前述したようにコンカーではフィードバック研修を全社員が受講しています。フィードバックの基礎知識を学ぶことは、伝え手にとって大きな自信に繋がります。また受け手にとってもコーチャビリティの概念を理解しておくことで、「耳の痛い話から逃げたくなる気持ち」をコントロールするよりどころになります。

コンカーで行っているフィードバック研修は、本書の内容をすべてカバーするため丸一日かかります。多くの企業にとって全社員がそこまでの時間を研修にあてることは難しいでしょう。丸一日とは言わずとも、たとえ1時間程度の研修であっても、全社員の共通理解をつくることは大きな一歩になるはずです。

本書を参考にして自社で研修コンテンツを用意してもいいですし、少し検索すれば企業向けのフィードバック研修はたくさん存在していますので、自社の考え方に合った研修を選択するとよいでしょう。

④ 仕組み・制度の視点

最後に仕組みや制度の視点です。前述したようにフィードバックはリスクが伴うコミュニケーションです。「上司にフィードバックをしたら関係が悪くなった」「上司からフィードバックと称してパワハラまがいの指導を受けている」「他部門にフィードバックしたいが、建設的な議論にならなそう」などなど。これまで見てきた3つの視点――組織範囲の視点、管理職の姿勢の視点、全社員の知識の視点――これらをすべて満たしても問題は起こりえます。

コンカーではフィードバックに伴って生じるさまざまな問題を緩和・解消するために各

種の仕組みや制度を運用しています。各制度の詳細は前項で述べましたが、以下、特に上司に対する牽制《けんせい》効果の観点から心理的安全性に関わるポイントを補足して説明します。

■パルスチェック

四半期ごとに調査を実施。上司との関係性を10段階で評価。フリーコメントも記述できる。上司との関係性は7点以上を正常値とし、6点以下は何らかの問題が生じているとみなされる。フリーコメントの内容も考慮しながら、人事部門が事情をヒアリングするなどして適切なアクションに繋げる。記名式の調査ではあるが、上司に対するスコアとフリーコメントは、上司本人には伝わらないよう細心の配慮がされている。

また、同調査の中でハラスメントの発生状況も報告できる。特徴的なのが、「自分がハラスメントを受けているか」だけではなく、「周囲にハラスメントを受けている人がいないか」も報告できること。本人からの報告はむしろまれで、心配した周囲から報告されることが多い。ハラスメントの方向内容は「上司から部下」だけでなく、「先輩社員から後輩社員」「一般社員同士」などさまざまなパターンで報告がある。

コンカーでは315名の社員に対して、毎回の報告件数は3、4件程度。継続的に調査し、かつタイムリーに解消策を打っていることによって低水準の件数で推移している。

■コンストラクティブフィードバック

年に1回調査を実施。全社員が必須で会社、上司、他部門に対して強みと弱みをフィードバックする。

特に上司に対するフィードバックによって、管理職の尊大で傲慢な姿勢、パワハラまがいのフィードバックなどの問題行動を検知できる。管理職が立場をカサに着て部下に接しないよう、牽制効果の役割を果たしている。

仕組みや制度によって心理的安全性を担保する考え方のヒントになったのがマッキンゼーでの経験です。マッキンゼーではひとつのプロジェクトが終わると、参画したメンバーが、そのプロジェクトを現場でリードした「プロジェクトマネージャー」と責任者である「パートナー（またはその上位職のディレクター）」に対してスコア評価を行っていました（私が在籍していた2000年代中盤のことなので現在も行われているかどうかはわかりません）。

たとえばプロジェクト運営で、メンバーに理不尽な無理を強いるプロジェクトマネージャーは低スコアをつけられてしまいます。こうしたスコアの結果は、マッキンゼーの在籍を通じて累積されていき、定期的に行われる昇進判定の時に大きく考慮されると聞いていました。私が在籍していた当時もかなりのハードワークでしたが、先輩のコンサルタントによると、「その仕組みができたことで、だいぶマイルドになったよ」と教えてくれました。

このような仕組みを運用することによって、立場の強い者から弱い者への接し方が大きく変わる、つまり強い牽制効果が発揮されることを学びました。この経験はコンカーにおける各種の仕組みを運用するヒントになっています。

4つの視点を逆から考える

4つの視点の意義について、逆から考えると改めて理解が深まります。

図50の左側は、4つの視点を満たしている組織であり、一方、右側は満たしていない組織の状況を記載しています。

フィードバック活動を普及させたいが、「フィードバックは組織全体で推奨しておらず、個人の努力の範疇にとどまっており」、「高圧的でフィードバックをすることにも、受けることにも無関心な管理職がいて」、「社員にフィードバックの基本的な知識もコーチャビリティの概念もなく」、「上司に対して牽制する仕組み・制度も存在しない」。このような状況ではフィードバックの心理的安全性が高まるはずがありません。

この図の左右を見比べて、読者の皆さんの職場が左側の状況なのか、右側の状況なのか、改めて振り返ってみてください。

図50　４つの視点を満たしている組織と満たしていない組織

4つの視点	満たしている組織	満たしていない組織
組織範囲	組織全体でフィードバックに取り組んでいる	フィードバックは個人の取り組みにとどまっている
管理職の姿勢	愛情を持ってフィードバックしている 部下からのフィードバックを謙虚に受け止めている	部下に対して高圧的な管理職がいる 詰めのフィードバックが横行し、部下からのフィードバックに耳を傾けない
全社員の知識	社員はフィードバックとコーチャビリティの基礎を理解している	社員はフィードバックとコーチャビリティの基礎を理解していない
仕組みや制度	上司に対して健全な牽制が効く仕組みや制度を運用している	上司に問題があっても会社に伝える仕組みや制度が存在しない
	↓ フィードバックの心理的安全性が**高まる**	↓ フィードバックの心理的安全性が**損なわれる**

以上、４つの視点からフィードバックにおける心理的安全性を解説しました。「フィードバックをやりましょう」では、組織にフィードバックの輪は広がりません。経営層やリーダーが主体性を持って、心理的安全性を高める活動が必要です。

COLUMN 2

特別対談

フィードバック文化をエンジンにして、「放送」を超えるイノベーションを

TBSラジオ代表取締役社長

三村孝成 氏

現在、全社を挙げてフィードバックの実践に取り組み始めている企業があります。TBSグループの一翼を担う株式会社TBSラジオです。

同社の三村孝成社長（写真右。私と同姓なのはまったくの偶然です）は、「働きがい」の向上を目指してきたコンカーの施策や文化に関心を抱いてくださり、私たち同様、「ヒト」を重視する経営に挑戦しておられます。2021年には、TBSラジオの全社員を対象としたフィードバック研修も実現し、私が講師を務めました。

果たしてその狙いはどこにあるのか。研修の効果はその後、社員の方々の行動にどのような変化をもたらしているのか。時代と向き合い、変革を牽引するトップをお招きし、率直に語り合いました。

神が降りてきたかのように

三村真宗（コンカー） 以前から、御社では「働きがい」の向上に取り組んでおられます。まずはその背景からお聞かせください。

三村孝成（TBSラジオ） きっかけは、三村社長の前著『最高の働きがいの創り方』を知人に勧められて読んだことでした。ただ、当初は、「ヒト」の視点が希薄だったので、書かれている内容があまりピンとこなかったんですよ。ラジオ業界は厳しい局面を迎えていますが、2018年に社長に就任して1年間ぐらいは、インターネットを放送にどのように活用するかとか、広告営業のスタイルをどういうふうに現代化するか、といった戦略的

なことばかりを考えていました。

　だけど、途中で「ヒト」の重要性に気づいたんですね。不安定（Volatility）で、不確実（Uncertainty）で、複雑（Complexity）で、曖昧（Ambiguity）なVUCAの時代に、持続的な成長を目指していくとしたら、一人ひとりの社員が能力をアップして挑戦できるような会社にしていかなくてはいけない。でなければ、ラジオ放送という市場を飛び出すようなイノベーションは起きないんじゃないかと。

三村（コンカー）　イノベーションはヒトから生まれるということですよね。

三村（TBSラジオ）　そうです。だから大事なのは企業文化だと考え直して、そういう話をTBSホールディングスの会議でしていたら、武田（信二）会長に『NO RULES（ノー・ルールズ）世界一「自由」な会社、NETFLIX』（リード・ヘイスティングス、エリン・メイヤー著／土方奈美訳　日本経済新聞出版　2020年）という本を読むように勧められました。

その本にも書かれていますが、ネットフリックスは「自由と責任」の文化を大切にしていて、たとえば出張経費の規定もないいんですよね。ただし、社員は自身の「能力密度」を高めて最高のパフォーマンスを発揮することを求められていて、それができない人は解雇されてしまう。これは理想の企業文化だなと思いました。だけど、日本企業で同じ文化を創るのは現実的ではない。

三村（コンカー） 確かに。アメリカの企業と日本企業ではいろいろと前提条件が異なります。

三村（TBSラジオ） そうですよね。ただ、文化は大切だなと考えていたら、前に読んだ三村社長の本のことをふと思い出したんですよ。神が降りてきたみたいに。

三村（コンカー） 「あれだ」と(笑)。

三村（TBSラジオ） これは嘘じゃないんです(笑)。あのやり方ならできる。企業文化の創造を通じて働きがいを向上させて、社員の能力密度を高めていくというアプローチならできると思って、改めて本を何度も読み直し、役員や幹部にも読んでもらいました。

三村（コンカー） そのうえ当社のオフィスにも来ていただいて。

三村（TBSラジオ） 「TBSラジオの三村と申しますが、御社の三村社長とお会いしたいのですが……」というふうに電話をかけたんですよね。受けた方は「変な電話がかかってきた」と感じたと思いますよ。でも、私は考えたことはすぐ行動に移すタイプだし、同じ苗字だから縁があるんじゃないかと思って、自分で番号を調べて電話しました。

三村（コンカー） コロナ禍のリモートワークで静まり返ったオフィスでお会いしましたが、「TBSラジオの働きがいを考え直したい」とご相談をいただき、その真摯な姿勢に感銘を受けながらお話をした覚えがあります。

三村（TBSラジオ） その頃は、ミッション・ビジョン・コアバリューから成るコーポレートフィロソフィーをつくる準備をしていた時期でした。コーポレートフィロソフィーは企業文化を創ることを目的に2021年7月に制定し、コアバリューの中で「陰口を叩かず、正面からぶつかり、フィードバックし合って、皆で高め合おう！」と謳っています。フィードバックは企業文化を創っていくためのエンジンであると位置づけています。

社員同士の遠慮や部門間の壁がイノベーションを阻害する

三村（コンカー）　以前の御社はどういう雰囲気だったのですか？　メディア企業というと、上司が部下を厳しく指導するイメージがありますが。

三村（TBSラジオ）　徒弟制度のような人材育成をやってきましたね。そういうのも影響して、社員同士が気軽にフィードバックし合う習慣が根づいていなかったのかもしれません。

それと、TBSラジオは2000年にTBS（当時は東京放送）から分社して設立された会社で、社内には、分社前からラジオの仕事をしていた社員と、他社から転職してきた社員と、新卒で入ってきた社員がいます。つまり、出自の異なる三者三様の人たちで構成されていて、そのせいか、社員たちは本気の議論をしたがらない傾向がありました。お互いに遠慮し合っていたと言ってもいいかもしれません。

私は他社で働いた経験があるのでわかるんですが、たとえば営業部門と商品開発部門というのは互いに激しくぶつかり合うものですよね。場合によっては、すごく揉めるはずなんです、本当は。でも、かつてTBSラジオではそういうことがなかった。誰かが何か失敗をしても、「次は気をつけてね」と注意する程度で、本気になって議論する人がいなかった。

三村（コンカー）　当たり障りのない会話に終始してしまっていたということですか。

三村（TBSラジオ）　人間関係を悪化させるようなことはしたくないみたいな、そういう雰囲気があった気がします。お互いに出自の異なる相手を立て合っていたとも言えますが、争いになるのを避けているように見えました。

三村（コンカー）　部門を超えたコミュニケーションも希薄だったんでしょうか？　「制作の仕事に営業が口出し

するな」というような。

三村（TBSラジオ）　おっしゃる通り。部門間に高い壁があって、誰もそれを乗り越えようとしていませんでした。お互いに決められた通りの動きをして、それでうまくいかなくても、「まあ、仕方ないな」と言い合っているような感じでした。

三村（コンカー）　そうするとやはり、従来の仕事のやり方を超えるようなイノベーションや、部門横断型のイノベーションはやはり起きにくくなりますね。

三村（TBSラジオ）　ええ。昭和の時代はそれでもよかったのかもしれません。ラジオ放送の場合で言えば、聴取率が伸びれば広告収入が増えるというビジネスモデルが確立していましたから、決められた通りの動きをしていれば、自ずと業績は拡大しました。

しかし、今はもうそんな時代ではありません。それなのに、社員同士が遠慮し合っているとか、部局間の壁を誰も乗り越えようとしないといった状況を放置していたら、新しいアイデアはなかなか出てこないし、イノベーションも起きづらくなります。

三村（コンカー）　個々人がフィードバックをし合うのと、会社全体でフィードバックの展開に取り組むのとでは、後者の方がはるかに効果が高まります。ただし、会社全体で取り組んでいくためには、経営者の覚悟が必要なんです。三村社長にはその覚悟が感じられたので、「研修をご提供しましょうか」とご提案して、２０２１年８月にＴＢＳラジオの全社員を対象にフィードバック研修を開催しました。

ただ、あの時、実はちょっと心配だったんです。というのも、メディアの企業には職人気質の方が多いだろうという先入観があって、そういう人たちは経営に迎合するのを嫌がるというか、社長がトップダウンで「フィードバックをしよう」と呼びかけて研修を主催してくださっても、果たして私の話に耳を傾けてくれるのだろうかと不安を感じました。

ところが、実際に１日かけて研修をやってみたら、皆さん、すごく真剣に受けてくださって、質問もたくさんいただきました。それがすごく印象的でした。

三村（TBSラジオ）　ありがとうございます。研修に参加した社員たちは、三村社長のお話を何とか理解してフィードバックのスキルを習得しようと、本当に真剣だったと思います。

フィードバックの神髄と魔法の言葉

三村（コンカー）　その後は、社長ご自身もフィードバックを伝えたり受けたりしておられるわけですよね。

三村（TBSラジオ）　私はフィードバックされやすいキャラクターなので、部下から結構、厳しいギャップフィードバックを受けたりもします。

三村（コンカー）　たとえばどんな指摘を受けましたか？

三村（TBSラジオ）「社長のため、会社の成長のためを思って提言しているのに、社長は話の途中で自分の意見を挟んでくる」とか。

三村（コンカー）　せっかくフィードバックしているのに、どうして最後まで話を聞いてくれないんですかと（笑）。素晴らしいギャップフィードバックですね。

三村（TBSラジオ）　トップダウンで始めましたけど、フィードバックというのは自分に戻ってくるものなんだなと思いました。

三村（コンカー）　実際にストレートなギャップフィードバックを受けて、どのようにお感じになりましたか。

三村（TBSラジオ）　そりゃ、あまり気持ちのいいものじゃない（笑）。ただね、これはもしかしたらフィードバックの神髄なのかもしれませんが、自分でもわかっていることを指摘されるパターンが多いですね。だから言われると、「俺だってわかってるんだよ」と言いたくなる。

三村（コンカー）　そうですよね。だからこそ、私は「気づきのギャップフィードバック」は、そっと軽く言った方がいいというふうにコツをアドバイスしています。本人は自分でも薄々わかっているのだから、ちょっと気づかせてあげるだけでいいんです。

三村（TBSラジオ）　伝える側から「フィードバックして

いいですか」と言うのも効果的ですね。これは「魔法の言葉」なんですよ。このひと言があるだけで、言われた側は「怒らずに聞かなくちゃ」という態度になる。

三村（コンカー） フィードバックをしてくれた社員との関係性はどうですか。

三村（TBSラジオ） よくなります。といっても、まだ取り組みがスタートして半年ぐらいなので、私にフィードバックをしてくれるのは、もともと近しい関係にある社員が中心なんですが、そういう関係なら、多分、言いやすいんでしょうね。

三村（コンカー） これもよくお話ししていることですが、普段からポジティブフィードバックをし合える関係性が築けていれば、いざという時のギャップフィードバックも伝えやすくなります。

社長ご自身はいかがですか？ 最近誰かにポジティブフィードバックをしましたか？ 私と話している時に、その場に同席されていない社員をほめておられるのは聞いたことがありますが。

三村（TBSラジオ） ポジティブフィードバックは、相当意識していないとやるのは難しいですね。というのも、私が日常的に長く接しているのは役員や局長クラスなので、戦略的なミスを指摘する機会が多くなりがちなんです。冷静に考えれば、企業文化を創っていく方を優先すべきなんですが、戦略にミスがあった場合は、そこに行き着いた思考や議論を復習してもらう必要があるので、どうしてもお説教みたいな話になってしまいます。

三村（コンカー） フィードバックの展開によって部門間の壁は低くなりましたか？

三村（TBSラジオ） そこはすごく変わったんですよ。いろいろな施策を併せて進めてきたからでもありますが、コミュニケーションの量は一気に増えました。

ただ、みんなが完全にフィードバックを実践できているかというと、どうですかね。おっしゃる通り、職人気質で斜に構えるタイプの社員もいますし、一人ひとりの習慣としてフィードバックが定着しているとはまだまだ言えません。

三村（コンカー）　それは当然でしょう。全社員の間で文化が共有されるまでには、年単位の時間がかかります。

仕組み化が担保する実効性、継続性、再現性

三村（TBSラジオ）　フィードバックをエンジンに企業文化を創っていくためには、仕組みや制度も大事ですよね。私は、コンカー流のフィードバックは基本的にオーソドックスなものだと思っているんですが、ほかとまったく違うのは、フィードバックが会社全体で展開されるような仕組みをちゃんとつくっている。

三村（コンカー）　やっぱり社長のかけ声だけではなかなか定着しませんから。

三村（TBSラジオ）　フィードバック実施状況のモニタリングや、コンストラクティブフィードバック、感謝の手紙、フィードバックを支える仕組みをここまで体系化した人は三村社長以外にいないだろうと思いますね。

三村（コンカー）　仕組み化は、実効性と継続性を考え抜いて進めてきました。もうひとつ、仕組み化には副産物があって、再現性が担保されます。私たちがつくった仕組みをコンカー社内だけで運用するのではなく、他社にも積極的に取り入れていただいて、フィードバック文化が広がっていったらいいなと思っています。

三村（TBSラジオ）　私たちもどんどん取り入れているところです。

三村（コンカー）　TBSグループ全体からの反応は何かありますか？

三村（TBSラジオ）　あります。グループでは今、「EDGE（＝Expand Digital Global Experience）」というコンテンツ拡張戦略を遂行していて、デジタル分野、海外市場、エクスペリエンス（ライブ・ライフスタイルなどを体験するリアル事業）の3分野を最重要領域と位置づけています。「放送を超える」という大きな旗を掲げて、グループ各社が新たなコンテンツ企業としての成長を競い合っているわけですが、各社とも企業文化の大切さに気づき始めていて、「ラジオでやっている取り組みを教えてく

れ」とよく言われます。

三村（コンカー）　今はまだ道半ばかもしれませんが、全社的にフィードバックを広げていこうという御社の取り組みは、非常に大きな可能性を秘めていると思います。今後も、私たちにできることがあれば引き続きご支援し、皆さんがどのように企業文化を創り上げていくのかを見守ってまいります。

三村孝成

1961年生まれ。83年読売広告社入社、酒類の広告制作や番組の企画制作に携わる。93年J-WAVEに入社し、編成局長などを歴任。2005年TBSラジオ&コミュニケーションズ（現TBSラジオ）入社。07年に開局したクラシック専門局「OTTAVA」のクリエイティブディレクターなどを務める。メディア推進局長を経て、2018年6月から現職。

COLUMN 3

特別対談

フィードバックでカルチャーを変え、社員一人ひとりの成長を組織のパワーに

富士通株式会社 執行役員CHRO（最高人事責任者）

平松浩樹 氏

富士通は国内ITサービス市場で売り上げトップの地位を占める巨大企業です。現在は「DX（デジタルトランスフォーメーション）企業」への転換を戦略として掲げ、実現に向けてさまざまな改革に取り組んでおられます。

そのひとつがフィードバック文化を醸成することであり、国内の全管理職を対象とした研修の準備も進められています。

長い歴史と伝統を誇る大手企業が、コンカーのようにはるかに規模の小さい外資系企業で培ってきた技法に興味を持ってくださったのはなぜなのか。今後、どのようにフィードバックの輪を広げ、どんな組織文化を構築していこうとしているのか。

改革の推進役を担う平松浩樹CHRO（P323 写真右）にお話をうかがいました。

「300人規模だからできているのではない」

三村　平松さんとお会いしたのは、福田譲さん（元・SAPジャパン社長、現・富士通 執行役員常務CIO兼CDXO補佐）から連絡をもらったのがきっかけでした。SAPジャパンで私の4年後輩で、さまざまな仕事で一緒に汗を流した人です。

平松　彼は2020年4月に富士通に転職してきて、CIO（情報統括役員）兼CDXO（最高DX責任者）補佐を務めています。富士通では、前年に社長に就任した時田（隆仁）が「IT企業からDX企業へ」という大方針を打ち出して以来、社員のエンゲージメント（自発的な

貢献意欲）向上や組織カルチャーの変革が課題になっていまして、そういう話を彼としていた時、コンカーが「働きがい」の実現に向けてユニークな取り組みをされていると聞いて、三村社長にお話をうかがってみたいと思いました。

三村　汐留の本社をお訪ねして、時田社長と平松さんに初めてお会いした時、改革の実現に向けて燃えておられるとの想いが強く伝わってきました。

平松　富士通は国内グループだけで8万人、グローバルでは13万人の社員を抱える企業ですが、もはや規模の大きさで戦う時代ではないと考えています。

かつては、先行する欧米企業に追いつけ追い越せというかけ声のもと、同質的な集団の組織力でがむしゃらに戦っていました。しかし、今はそのやり方は通用しません。先行きが不透明でテクノロジーもどんどん進歩していく時代には、個のクリエイティビティやエンゲージメントの集合が会社としてのパワーになります。社員一人ひとりが商品でありブランドであり価値の源泉なのだというマインドを持っていなければ、お客様の新しいニーズに対してプロアクティブな提案ができません。そういう認識は時田も私も一致して持っていて、われわれが学ぶべき事例を探していたんですね。そんな時、三村さんとお会いできて「これだ！」と感じました。

三村　その後、時田社長を含む役員の方々を前に、働きがいについての講演をさせていただきました。御社のような日本を代表する大企業が、我々のような従業員300人そこそこの外資系企業の事例を参考にすることについて違和感はなかったんですか。

平松　それはありませんでした。講演内容はすごく心に響いたし、300人だからできているという話では全然ないと思いました。我々でも頭を切り替えたら必ず実行できると感じたので、フィードバック研修も全社的にやっていこうと決めたんです。

自律と信頼をどうやって生み出すか

三村　特に、コンカー流フィードバックの技法について関心を持っていただいたのはなぜなのでしょうか？

平松　お話をうかがってまず衝撃的だったのは、「上司も部下にフィードバックを求めましょう」という考え方です。

私は富士通の人事制度改革は、会社と社員の関係を変えること、あるいは上司と部下の関係を変えることだとずっと言ってきたんですが、キーワードは「自律」と「信頼」なんですね。部下は自律的に働けるようにならなくてはいけないし、そのためには上司が部下を信頼していなければいけない。上司と部下の間に信頼関係ができていてこそ、部下は自律的に行動できるんです。

ただ、この信頼関係をどうやってつくっていくのかが問題で、「心理的安全性の確保が重要なのかな」とかいろいろ考えていたんです。そうしたら、コンカーでは上司が部下にフィードバックを求めているという。「今日のプレゼンの出来はどうだった？」とか「今回決めた方針をどう思う？」といったことを上司が部下に尋ねるわけですよね。尋ねるだけでなく、部下の指摘が妥当なら、上司は自分の行動や考え方を改める。

それを知った時、「信頼関係ってこういうことだな」と気づきました。上司が部下に対して、いくら「君を信頼しているから、自律的に頑張れ」と言っても、双方の間に信頼関係はできません。けれども、上司が部下に対してフィードバックを求めたら、それ自体が部下との間に信頼関係をつくっていく具体的なアクションになるし、上司から部下に「君のことを信頼しているよ」というメッセージも伝わる。

三村　あえて耳の痛い話をしてくれる部下に対しては、上司の方も深い信頼感を抱くようになりますしね。

平松　そうですよね。だからコンカー流フィードバックを知った時、自律と信頼を生み出すためにどうすればいいのか、という問いに対する答えが見つかったと感じたんです。

初めてほめられた時

三村　以前、平松さんは「会社に入って以来、上司からポジティブフィードバックを受けたことがない」ともおっしゃっていました。

平松　入社して30年くらいになりますが、仕事のことで上司にほめられた記憶がほとんどないんですよ。社内に「給料をもらって働いている以上、仕事はちゃんとできて当たり前」という仕事観が染みついていたのかもしれません。アウトプットについて、上司から「ここを変えた方がいい」とか「もっと早くして」といったコメントをもらうことはあっても、「私という人間」に向き合ってほめてもらったことがなかった。多分、「口に出して言わなくても、期待しているのは伝わっているよね」という、「あうんの呼吸」の中で働いてきたのだと思います。

ところが、5年くらい前、ヨーロッパで人事部長を務めていたイギリス人の上司と一緒に働いていた時、あるプロジェクトが終わった後で、「Good job !」と言って握手をしてくれて、「俺、初めてほめられた」と思ったんです。

三村　欧米の人はほめますからね。

平松　めちゃくちゃほめるんです。そうすると、自分は認められたんだという喜びが湧いてきますし、彼ともっと仕事をしたい、もっといい仕事をしたいという気持ちが高まってきて、この感覚は何なんだろうと。気恥ずかしいけど、ああいうふうにはっきりとほめられたら、こっちも素直に「ありがとう」と言えるし、ほめること自体にこんなに力があるんだと感じましたね。

三村　その後、自分でも部下をほめてみようというところまではいかなかったんですか？

平松　まだそこまではいきませんでした。ほめ方がまだよくわかっていなかったんでしょうね、きっと。

ただ、管理職と一般社員のコミュニケーションを促進する必要はあると思って、1on1ミーティングを導入した時、管理職にはコーチングをやってもらおうと決めたんです。コーチングは傾聴が大切だから、上司が部下の話をよく聞いて、よいことも悪いこともフィードバックする機会をつくればいいと思ったんですよね。

三村　コーチングは大切な手法・技術だと思います。とはいえ、やっぱり「上司から部下」への一方通行なんですよね。

平松　そうですよね。上司のマネジメントの状況を確認する職場マネジメントアンケートも導入してみたんですが、それでもまだちょっと足りないなとずっと思っていました。

三村　上司に関する部下のアンケートは、上司・部下間の血の通ったコミュニケーションにはならないし、「告げ口システム」になってしまうおそれもあります。

平松　そうなんです。部下が、折り合いの悪い上司にわざと低い点をつけて評価を下げるとか異動させるといったことが起きてしまうと、あまり気持ちがよくないし、何のための制度なのかがわからなくなります。

三村　平松さんから「富士通でもコンカー流フィードバックの導入を検討したい」と言われた時、とてもワクワクしたんです。というのも、コンカーは外資系なので、上司と部下が「さんづけ」で呼び合ったり、お互いによいところをほめ合ったりするようなオープンな空気がもともとありました。だから、フィードバックの文化が根づきやすかったのかなという思いも実はあったんですね。

けれども、もし御社でもコンカー流がうまくいけば、こういうフィードバックが日本の多くの企業に広まっていくひとつのきっかけになります。

平松　個人としてもチームとしてもやりがいを感じながら仕事をする。コミュニケーションの仕方やスタイルを変える必要があれば変えて、よいアウトプットに繋げる。そういう考え方は日本企業の間にも広がりつつあります。あとは方法論の話であって、富士通でもやれると信じています。

部下からのギャップフィードバックをどう受け止めたか

三村　フィードバックを富士通全社に広げていく手始めに、御社の人事部門に属する幹部の方々を対象に研修をやりました。平松さんご自身にも参加していただきましたが、どんな印象でしたか？

平松　とても楽しかったですね。人事の幹部というのは組織作りを推進する側なので、「働きがいやエンゲージメントを向上させる方法はわかっている」と思い込んでいる人たちが多いし、「優秀なミドルマネージャーを育成すればいいんだ」というふうに安易に考えてしまいがちなんです。でも、そうじゃない働きがいやエンゲージメントは全階層で取り組むべき課題なんだと、研修で気づいたと思います。

三村　研修でポジティブフィードバックの演習をやった時、平松さんが「照れ臭かったけど、やってよかった」とおっしゃっていたのが印象的でした。

平松　やっぱり習慣になっていないことをやろうとすると、照れ臭さや戸惑いを感じますよね。多分、富士通にはそういう管理職が何千人もいると思いますが、やってみたらすごく気持ちがいいし、その感覚を体感してもらえたら、フィードバックの輪が全社に広がっていくと思います。

三村　平松さんご自身は、その後いかがですか？　ポジティブフィードバックの習慣はつきましたか？

平松　それはもう、めちゃめちゃつきましたよ。メールで連絡や報告をしてくれた部下への返信は「ありがとう」から始めるようになりましたし、どういうところが助かったのかを必ず書くようにしています。

考えてみると、上司の仕事で一番効果的なのは、部下をほめることなんですよね。ほめられれば誰もが嬉しいと感じるし、もっと頑張ろうという気持ちになりますから。

三村　平松さんにギャップフィードバックをしてくれる部下はいますか？

平松　います、います。私は自分の得意な領域の話をする時に、自信満々で淀みなくしゃべってしまうところがあるんです。それについて、ある部下に、「平松さんはその分野に詳しいから、そういう話し方になるのかもしれませんが、ほかの人が共感できるとは限らないので、ちょっと話し方を変えた方がいいですよ」とフィードバックされて。「どういう部分が共感できないの？　明々白々なことを言っているのに」と返したら、「普通の人はそうは受け取らないかもしれませんよ」と言われました。

三村　その部下に対して、どんな感情が芽生えましたか。

平松　自分が気づいていなかったことを指摘してくれて、ありがたいなと思いました。ああいうフィードバックをしてくれなければ、自分は勘違いしたままだったかもしれませんから。それに、上司に対するギャップフィードバックは勇気がいるし、場合によってはリスクを伴いますよね。そういう意味でもその部下には感謝しています。

三村　人は謙虚でなくなった時に成長が止まると言われます。上司や管理職であっても完璧な人はいないし、常に周囲の声を聞いて成長し続ける姿勢が大切なんですよね。

平松　本音の会話がなくて、部下が上司に忖度ばかりしているような職場では、悪い事態が進行しているのに、発覚が遅れて取り返しがつかなくなるといったことも起きます。そういうことを防止するためにも、フィードバックは大事ですね。

GPTWで外資を追い抜く日

三村　すでに私たちが作成した研修コンテンツはお渡ししていますが、今後はどういうふうにフィードバック研修を拡大していく予定ですか？

平松　グループの教育会社の講師に委託して、まずは今年中に国内グループの管理職約1万5000人に受講してもらおうと思っています。

三村　フィードバックを全社に浸透させることによって、どんな組織をつくり上げていきたいというお考えをお持ちですか？

平松　ひとつにはやはり、会社と社員の関係、上司と部下の関係が対等な組織ですね。みんなで考えを出し合って、もちろん意思決定をする人はいるんだけど、その内容も対等なディスカッションを通じて決めていく。そんな組織をつくっていきたいと思います。

三村　現在進行中の改革について、時田社長はどのように考えていらっしゃるのでしょうか？

平松「達成は簡単ではないけれども、不可能ではない」と考えていると思います。

　富士通は80年以上の歴史がある会社なので、確かにカルチャーを変えるのは簡単ではありません。それに、組織が大きなヒエラルキー構造になっているので、トップの戦略や思いが組織全体にうまく伝わっていかなくなることがある。「伝言ゲーム」みたいになって、いつの間にか手段が目的化していくといったことが往々にして起きるんです。

　だけど、カルチャーを変えて、社員一人ひとりの挑戦や成長を組織のパワーにしていくというのは改革の本丸だし、時間はかかるかもしれないけれども、やり抜かなくてはいけません。

三村　具体的には、何年後を目途に改革を成し遂げたいといったイメージはお持ちなんですか？

平松　実は今、富士通も「Great Place to Work®（GPTW）」の働きがいランキングに参加していて、当初は「3年で1位」みたいなイメージを思い描いていたんです。ところが、そんなに簡単な話じゃなかった。だから、あまり大きなことは言えないんですけど。

三村　GPTWの大規模部門で上位に入ってくるのは、ほとんどが外資系企業なんですよね。

平松　だからこそ、もし富士通が上位にランクインできたらすごいことだし、私たちにとってはそれが夢なんです。

三村　外資系の大手は、本社の施策を日本に直輸入して成功しているところが多いように見受けられるので、御社が日本発の取り組みでランクインできたら素晴らしいと思います。

平松　私たちも、今後2年間ぐらいで、コンカーから学んだフィードバックをみんなが理解し、実行に向けて努力できているという状態にしていきたいと思っています。そのうえで、働きがいが向上して、外資系を抜いてランキング上位に食い込めるようになったら、相当格好いいと思いますよ。

三村　ぜひ一矢報いていただきたいです。外資の私が言うのもなんですけど（笑）。

平松浩樹

1989年富士通入社。主として営業部門の人事を担当し、2009年から役員人事の担当部長として指名報酬委員会の立ち上げに参画したほか、2015年からは営業部門の人事部長として働き方改革を推進。2018年から人事本部人事部長としてジョブ型人事制度の企画・導入を主導した。執行役員常務／総務・人事本部長を経て現職。

エピローグ

フィードバックなくして成長なし

私が代表を務める株式会社コンカーが、2018年に発表された「働きがいのある会社」ランキング（中規模部門）で1位を獲得したことをきっかけに、前著『最高の働きがいの創り方』（技術評論社）を出版してから、もう4年以上が経ちました。幸い増刷も重ね、前著の読者からは、「全社の働きがい活動の教科書として活用している」など、嬉しいお言葉をいただいています。

しかしながら、前著ではひとつ心残りなことがありました。それは本書のテーマになっているフィードバックに関する内容がわずか7ページであったこと。「働きがいのある会社」ランキングでは、さまざまな観点から企業の働きがいが評価されます。コンカーがランキング1位を獲得するうえで最も評価されたのが、社員一人ひとりの心に流れる「高め合う文化」でした。「高め合う文化」とは、社員同士が互いの成長に強いコミットメントを持ち、立場や役職に関係なく活発にフィードバックし合う文化です。前著では多くを語れなかったこの大切なフィードバックの概念を、本著では丸々一冊かけて徹底的に深掘りすることができました。

前著では深掘りできなかったフィードバック。ここまで書き終えて、「やりきった」思いでいっぱいです。最終的に前著が318ページなのに対して、本著は前著を超える336ページになりました。

「日本におけるフィードバックの概念を変える一冊にしたい」

これは本書の最初の企画会議での私のコメントです。バラバラで散発的なフィードバックの解釈に一石を投じたい、との思いを込めて、業務の合間や休日の時間を使い執筆を進めました。本著に書いたフィードバックの概念は、かなり網羅性の高いものであり、当面の間はフィードバックを理解するうえでのスタンダードになりうる一冊にできたように自負しています。日本社会におけるフィードバックの理解はまだまだ黎明期。これからフィードバックへの注目が高まり、その重要度が増すにつれて、より多くの専門家や執筆家が書籍のテーマとしてフィードバックを扱うようになるでしょう。そうした過程で、本書で論じている内容はどんどん上書きされ、ブラッシュアップされていくべきです。これから発展し、普及していくべき日本におけるフィードバックの歴史の中で、本書がその「叩かれ台」として、一定の役割を果たせることを心から願っています。

「Feedback is a Gift」

これは本書の最後に読者の皆さんに覚えていただきたいキーワードです。フィードバックの概念を英語サイトで調べると、この言葉が多くヒットします。「Feedback is a Gift」すなわち「フィードバックは贈り物」という、とても素敵な表現です。ここにフィードバックの本質があるような気がします。

伝え手が、相手を言い負かしてやろう、詰めてやろう、という後ろ向きなマインドで行うフィードバックは「贈り物」とは言えません。本書でしつこいくらいに何度も触れたように「相手の成長を願って」こそ、フィードバックは贈り物になりえます。

受け手にとっても、フィードバックを非難や叱責ととらえている限り、心には入ってきませんし、成長にも繋がりません。フィードバックは「自分の成長を願ってくれる相手からの贈り物」として受け止めるように心がけてください。

フィードバックに悩んだ時、「Feedback is a Gift」、この言葉を思い出してください。

自分のキャリアを振り返ると、30代半ばで転職したマッキンゼーでフィードバックの考え方に肌で触れ、その絶大な効果に気がつくまでずいぶんと遠回りした気がします。もしも若手時代や新米管理職になった頃、フィードバックのスキルを身につけていれば、もっとよいコミュニケーションができていたように思います。もしかしたら、仕事だけではなく、家族や友人とのコミュニケーションも、もっと上手にできていたのかもしれません。本書をたまたま手に取った、若手社員も、ベテラン社員も、管理職も、経営者も、もう遠回りをしないですむよう、日本で働く「みんな」にとって本書がフィードバックを理解し実践するきっかけになることを願ってやみません。

フィードバックの輪が広がることで、人が成長し、企業も強くなる。結果として日本がよりよい社会へと一歩でも近づく。そんな明るい未来に、本書を通じてわずかながらでも貢献できれば、それは私にとって望外の喜びです。

本書を執筆するにあたって、本当に多くの人に助けられました。まず光文社の原里奈さんは本書を執筆する機会を与えてくださいました。大幅なページ増も快く受け入れてくださり、社内異動されたあとも「この本はやり遂げたい」と度重なる原稿の遅れにもかかわらず最後までお付き合いくださったこと、深く感謝いたします。また執筆協力の秋山基さんには、フィードバック講座の内容を深くご理解いただき、書籍化する過程で多大なるご支援をいただきました。

対談でご協力いただいた、TBSラジオ株式会社の三村孝成社長と富士通株式会社の平松浩樹執行役員CHROにも御礼を申し上げます。お2人ともご多忙の中、自ら丸一日の研修に参加してくださり、「この考えを自社でも全社員に広げたい」と力強く言ってくだささったことは大きな自信に繋がりました。

本文中で何度か登場した「コンカー米国本社の上司」は、Mike Eberhardです。彼はその後、コンカーの社長となり、今は引退してシアトルで悠々自適に過ごしています。厳しい言葉も、励ましの言葉も、フィードバックを通じて私を育ててくれた永遠のメンターです。

本書の初校原稿の見直しには19人のコンカーの社員が手を挙げて協力してくれました。貴重なフィードバックがたくさんあり、その多くを反映したことで、最終稿の品質を上げることができました。

フィードバックの考え方をもっと世の中に広めたい、との私の思いを汲んで、綿密なプロモーションプランを考え実行してくれた、マーケティング本部長の安東知佳さんとPR担当の齋藤佑衣さんにも感謝いたします。

コンカージャパン総務グループマネージャーの足立繭子さんには、光文社との橋渡し役として随所で助けていただきました。原稿に対するフィードバックはいつも参考になりました。フィードバック研修の運営でも大いに活躍していただいています。

もうひとりフィードバック研修を運営しているのが、コンカージャパンCOOの金澤千亜紀さんです。「この研修の内容はいつか書籍にすべきです」と言い続けてくださったことは本書執筆の大きな後押しになりました。また、本書で紹介されているフィードバックや働きがいに関する取り組みは、すべて金澤さん率いる管理部の皆さんの貢献なくしては成り立ちません。

最後になりましたが、本書で紹介されているフィードバックスキルの数々は、コノカーの社員同士が日々活発にフィードバックし合う中で培われたノウハウです。社員による実践がなければ、これほど自信を持って筆を進めることはできませんでした。社員の皆さん一人ひとりが、自分ごととして「高め合う文化」を育もうとしているその気持ちに、この場を借りて心から感謝を申し上げます。

2023年3月　三村真宗

三村真宗（みむら・まさむね）

1969年、東京都生まれ。'93年、慶應義塾大学法学部法律学科卒業。同年、日本法人の創業メンバーとしてSAPジャパン株式会社に入社。以後13年間にわたり、社長室長、戦略製品事業バイスプレジデント等を歴任。'06年、マッキンゼー・アンド・カンパニーに入社し、金融、通信、ハイテク企業等の戦略プロジェクトに従事。'09年、電気自動車インフラ会社であるベタープレイス・ジャパン株式会社においてシニア・バイスプレジデントとして環境省および経済産業省との実証実験プロジェクトを主導。'11年10月から株式会社コンカー代表取締役社長に就任、現在に至る。著書に『新・顧客創造』（ダイヤモンド社　'04年）、『最高の働きがいの創り方』（技術評論社　'18年）がある。寄稿など多数。

Twitter：@Masa_Mimura

みんなのフィードバック大全《たいぜん》

2023年 3 月30日　初版第1刷発行
2024年10月30日　　　　8刷発行

デザイン　西垂水敦・市川さつき（krran）
撮　影　西あかり、石田純子（光文社写真室）
図　版　山岸 全・森田葉子（株式会社ウェイド）
執筆協力　秋山 基

著　者　三村真宗《みむらまさむね》

発行者　三宅貴久
発行所　株式会社　光文社
〒112－8011　東京都文京区音羽1-16-6
電　話　編集部 03-5395-8149
書籍販売部 03-5395-8116
制作部 03-5395-8125
落丁本・乱丁本は制作部へご連絡くだされば、お取り替えいたします。

組　版　萩原印刷
印刷所　萩原印刷
製本所　ナショナル製本

ISBN978-4-334-95360-7